渣男，止步！

<恋爱关系实践手册>

林子 著

国际文化出版公司

·北京·

图书在版编目（CIP）数据

渣男，止步！/ 林子著．— 北京：国际文化出版公司，2019.2
ISBN 978-7-5125-1112-5

Ⅰ．①渣…　Ⅱ．①林…　Ⅲ．①恋爱心理学－通俗读物
Ⅳ．① C913.1-49

中国版本图书馆 CIP 数据核字（2018）第 299369 号

渣男，止步！		
作　　者	林　子	
责任编辑	戴　婕	
出版发行	国际文化出版公司	
经　　销	国文润华文化传媒（北京）有限责任公司	
印　　刷	三河市华晨印务有限公司	
开　　本	880 毫米 ×1230 毫米	32 开
	6.5 印张	138 千字
版　　次	2019 年 2 月第 1 版	
	2019 年 2 月第 1 次印刷	
书　　号	ISBN 978-7-5125-1112-5	
定　　价	39.80 元	

国际文化出版公司
北京朝阳区东土城路乙 9 号　　　　　邮编：100013
总编室：（010）64271551　　　　　　传真：（010）64271578
销售热线：（010）64271187
传真：（010）64271187-800
E-mail：icpc@95777.sina.net
http://www.sinoread.com

打开豆瓣失恋小组，我们经常可以看到这样的帖子：

《为什么渣男现在越来越多?》

《渣男又回来撩拨，我该怎么办?》

《现在有一个机会报复渣男，我要报复吗?》

有人说，谈恋爱需要靠运气。

运气好的话，你会遇到一个好男人。他会用心对你，爱你，包容你，把你放在手里。别人的男朋友会出轨、劈腿，但你的男朋友从来没有这些事。跟他在一起，你每天都睡得很安心。

运气不好的话，你会连续遇到几个渣男，而且一个比一个渣。在跟渣男相爱相杀中，你终于筋疲力尽，变得不再相信爱情。

还有人会比较纠结，不知道自己的前任到底是不是渣男？因为这个男生一开始来追自己的时候，真的对自己特别好，无微不至，很舍得花心思，照顾自己的感受。只是后来不知道怎么的，就感觉他好像越来越渣了。而且，离开自己以后，男生对新欢挺温柔体贴的，跟对自己的态度完全不一样。

你简单回顾了一下，好像有几段恋爱都是这样的。你不禁开始怀疑：我这是有吸引渣男的体质吗？

哈哈，没那么可怕。

我们很多人还是把恋爱想得太简单，觉得谈恋爱就是遇到一个喜欢的人，然后直接跟他在一起就行了。

但其实，谈恋爱最终靠的还是你的恋爱经验，恋爱水平，还有对恋爱关系的把控。就像本书中有一篇文章的标题是《男人一般是怎样考验女人的？》。

你可能从来也没想过，在男女交往过程中，不仅女人会考验男人，男人其实也会考验女人。你完全不知道这回事，所以你忽略了男人对你的考验。结果导致男人认为你没有通过他的考验，所以他不需要对你那么认真，也不用付出多少。

其实，在男女交往中，你只要树立了自己的原则，说清了自己的标准，并且睁开你的火眼金睛，那些只是想随便玩玩的男人就不敢轻易招惹你。就算来招惹你，你也能很快看清他们的套路。在恋爱平淡期，当你的男人有点心猿意马的时候，你也要懂得应用书中的"调教"之法，来适当的敲打敲打他，这样才能好好看住他。

每个人都有自己的优点和缺点。好的恋爱关系，就是女生要懂得鼓励和发展他的优点，而克服那些缺点，比如花心之类。

我希望大家看完这本书以后，可以用恋爱知识武装自己，让那些真正的渣男不敢接近；而让那些令你百般纠结的男人，能好好摘下面目可憎的渣男面具，还原为一个重情重义，温柔体贴的好男人。

目录

第二部分
重新建立关系的秘密

第三部分
我们经常遇到的问题

第一部分

恋爱关系的秘密

男女关系平衡理论

无论你现在有没有在恋爱，恋爱的状态如何，这部分内容对我们以后的生活都很有帮助，因为在男女交往的过程中，我们都会有困惑、烦恼的时候。所以在这里，我将为大家揭开男女关系之间的秘密。

恋爱投资学

人有一种特性：有投资就想有回报。结合到恋爱中就是，有投资（付出）就希望也能获得不错的回报。

投资并不是狭隘地指金钱上的投资。恋爱中的投资还包括时间、精力、感情等。

比如说，一对恋人，他们谈了4年，最后分手了，那肯定要难过，为什么？

想想看，4年中，他们在一起投资了多少的时间、精力、感情？！一起去玩过那么多地方，一起发生过那么多事。快乐的，难过的，温暖的，遗憾的，想都想不完。特别是初恋，都是很认真、很投入的，所以付出（投资）也是最多的。

那么请思考一个问题：分手意味着什么？

分手是一个很严重的问题，因为分手意味着你什么也没有了。

4年的感情，你投资了那么多的时间、精力、感情，可到头来呢？分手了，什么也没有了。

人往往就是这样，对于自己大量投资的事物，到头来一无所获，就会极度难过。因为大量投资而几乎没有回报，所以你很难过，很伤心。

所以，分手后你难过不一定是因为你多么喜欢他。说真的，也许真没多么喜欢，也不是离不开。你只是投资太多了，"不愿意放手"就是这个意思。

其实，你并不是舍不得他，你只是舍不得你的投资罢了。

男女关系平衡理论

男女关系平衡理论是两性交往的核心。

男女关系中，总有一个人是处于低位的，另一个人处于高位。

所有的男女关系，两个人的关系是不可能平衡的。

不同的关系，只是这种低位和高位之间的距离不同罢了。

那么怎么理解这个高位和低位呢？

说得通俗点，就是"迁就"。男女关系中，低位者总是迁就高位者。高位者有什么需要，低位者总会想办法满足他，低位者总是想博得高位者的欢心，让他满意。

低位者比高位者更需要对方。（很多女孩会说：我离开他就活不下去了。而男孩不一定会有这样的感觉。这种情况下，男孩往往处于高位，女孩处于低位。）

也就是说，低位者总是在讨好高位者。

当然，上面这段描述是指那种高位和低位相差比较大的情况。如果高位和低位相差不是很大，那么迁就程度就会轻微一些。不过，道理是相通的，大家可以回想一下自身情况以及身边人的案例。（我坐在公共场所里，只要观察一对情侣1分钟，就能判断出这对男女的关系，平衡情况，谁处于高位，谁处于低位，谁迁就谁。）

从投资学角度来讲，低位者在恋爱中的投资比高位者多很多。可以说，低位者是以一种仰视的角度来看高位者的。高位者对低位者具有吸引力。这也就迫使低位者不断投资，去讨好高位者。

在恋爱关系中，谁投资多，谁就先输了。因为你已经处于下风。所以在男女关系中，是高位者在主导这段关系。

知道主导关系是什么意思吗？

就是说，这段关系，什么时候开始，什么时候进入热恋期，什么时候开始纠结（震荡），什么时候要分手了，是谁提出分手，都被高位者牢牢控制着。低位者始终处于被动状态，毫无反抗能力。

简单说，必定是高位者来开始关系，发展关系，最后结束关系。并且我要加一句：永远都是高位者主动提出的分手。（有些案例表面上是低位者主动提出的分手，但从根本上分析，分手还是被高位者控制着。）

如果你发现自己已经处于低位了，也不必灰心。因为通过努力，关系是可以逆转的。

关系要想逆转，就要引入价值的概念了。

价值论

爱情源自两个人的相互吸引，而影响吸引的是双方的价值。

这种价值基本上可分为外部价值和内部价值两种。

外在价值就是指一些外在的东西，比如金钱、家庭背景、社会地位等。

内在价值就是指自身价值，比如个人魅力、相貌、自信、社交能力、做事能力等。

以上描述的男女关系中低位和高位等同于低价值和高价值。

人总有一种倾向，就是趋向高价值（有价值），远离低价值（没价值）。

高价值的人身边总是簇拥着一群人，而低价值的人总是很落寞。

简单说，就是高价值的人对低价值的人具有吸引力。所以每个人都应该争取成为高价值的人。

那么什么样才是高价值呢？

大家试想一个场景：一个很多人参加的晚会，大家的目光是不是总被一类人所吸引？这类人一进来就跟所有人亲切打招呼，在一群人中谈笑风生，侃侃而谈。这类人就是社交达人，具有很高价值的人。

应用到恋爱中就是：有很多朋友（同性和异性朋友都很多）就是高价值，这样的人最有魅力。社交价值高的人身边总是有一堆朋友，当然，也不缺异性朋友。对于恋爱对象，他可以选择的空间也很大。选择越多的人，价值越高；选择越少的人，价值越低。

把恋爱投资学、男女关系平衡理论、价值论结合起来看男女关系

在男女关系中，价值低的人处于低位，且被高价值的人所吸引。为了博得高价值者的欢心，低价值者不断讨好他，不断在这段关系中投资。

关系中，投资越多的人，越容易陷入其中。因为他期望获得回报，并且害怕之前的投资全部付诸东流。而对于高价值的人来说，他会认为不断讨好自己的人是没有价值的。

所以，低位者投资越多，高位与低位之间的距离越拉越大，关系也越畸形。低位者会越来越迁就于高位者，也就会越来越痛苦，最终就会被折腾得疲惫不堪，直至关系破裂。

再次强调：关系中，是高位的那一方在主导关系，低位的一方一直处于被动状态。

要想改变关系，或者逆转关系，努力建立起自己的价值是必经之路。

你的价值一旦高过他，你就是高价值的一方，就是你处于高位，就是你在主导关系了。

所以说，恋爱其实也是一种博弈。

下面是我总结的几句话，大家细细体会。

1. 不要对他那么好，或者说不要对他太好，要留一点空间。

2. 不要一味地迁就于他，尝试几次拒绝他的要求吧，你需要逐步脱离他的"控制"。

3. 不要妄想你一直单方面付出他就会记起你的好。付出越

多，陷得越深，也越受伤。

4. 价值是恋爱中非常重要的因素。

5. 没有谁会离不开谁，嘴里说出的"离不开"，其实更多的是舍不得。

6. "爱就是付出？"好吧，但是恋爱需要的是相互付出。

最后送大家一些警言，以防大家走入歧途。

其实大部分人还是善良的。他那样对你，不是他真的坏，是人性使然。就像你一味迁就他，他就越不在乎你一样，这是人性使然。不是他想控制你，不是他故意想这样的，或者说他不是真的那么坏。

这只是人性。

有很多姑娘跟我说："我真的很爱很爱他，我对他用情很深，我们之间的感情很深，我感觉自己离不开他。"（因为向我求助的主要是姑娘，所以我这边就站在姑娘的角度说了。）

你有没有想过自己为什么会爱他那么深？相信这个问题困扰了很多朋友，那么现在我就从恋爱投资学的角度来深入剖析一下，帮助大家更深刻地理解男女关系。

同时，投资学贯穿恋爱的始终，甚至贯穿我们生活的全部，所以掌握投资学非常重要。

在这里主要解析以下几个问题：

第一，"感情"是什么？

第二，投资学与"受伤"的关系。

第三，怎样让一个人爱上自己？

第四，分手后，为什么要"断联"？

"感情"是什么

我们会对自己的恋爱对象有感情，也会对使用了5年的老物件有感情，会对养的小狗产生感情。

那么，感情到底是什么？

当然，首先得是有一定的好感，喜欢。一开始你喜欢你男朋友，喜欢这个物件，喜欢这只小狗。然后你开始花时间和精力在他们身上。和男朋友一起出去游玩，想念对方，关注对方，每天晚上发信息，每天早上喊起床，一天又一天，每一天你们之间都会发生这样那样的事。经过一段足够长的时间（视个人情况而定）以后，你们就有了比较深厚的感情。

简单说，人们对某一事物（包括人）进行大量时间及精力的投资后，会让自己对这个事物渐渐产生感情。（当然你首先得喜欢这个事物你才会愿意进行投资。）

也就是说，感情等于时间和精力的大量投资。

大家有点感觉没？下面我再具体举例帮大家深化对投资学的理解。

举例一：普通粉丝跟骨灰级粉丝有什么区别？

比如说我喜欢萧亚轩。一开始我喜欢她，成为她的粉丝。那么这个时候我还是萧亚轩的普通粉丝，也就是听听她的歌，看看她的MV、照片写真什么的。

那么要想成长为萧亚轩的骨灰级粉丝需要怎么做呢？

我要开始疯狂地收集一切萧亚轩的资料，她的兴趣爱好，她喜欢的颜色，她喜欢吃的零食，她的家庭兄弟姐妹，她的成名史——她是怎样从一个普通的女孩变成一个大明星的。每次一见到那种娱乐杂志，闲时翻翻的时候都要留意有没有萧亚轩的新闻，每一次出新专辑都立刻跑去听，听说未来十天后她要来自己的城市开演唱会，会激动兴奋得几天几晚都睡不着觉……

在这样的状态中维持个三四年的样子，我就是萧亚轩的骨灰级粉丝了。

普通粉丝要是见到萧亚轩会很兴奋，会激动，而骨灰级粉丝要是见到萧亚轩就会疯狂，会尖叫了。

看到了吧，其实萧亚轩本人并没有对我做什么事，我却能成为她的骨灰级粉丝，能大声喊出来："ELVA，我爱你，我爱你！！！"这样看来，我就对萧亚轩产生了很深厚的感情了。

举例二：为什么现代人觉得过年越来越没有"年味儿"？

很多人都在讨论，为什么如今我们觉得过年越来越没有"年味儿"？

我们可以仔细想想我们脑海里那些有"年味儿"的年都是在什么时候，都是怎么过的。我想，最起码10年前或者15年前的年还是很有"年味儿"的。

但是现在为什么"年味儿"淡了？

还是因为投资。

想想看，以前过年的时候，过年前1个月就开始做准备工作了：打面粉做团子，有豆沙团子、肉团子；做年糕；腌鱼、腌肉；打肉末做肉圆；灌香肠腊干……

总之，整整一个月都在为过年忙着，忙着一年的喜庆。

最后是年夜饭，"年味儿"在全家其乐融融的气氛中被推向高潮。

而现在呢？很多人，无论打工、上班，还是做生意的，回家过年团圆的时间越来越少。春节七天长假，很多人实际上只有五天的"年假"，甚至更短。大年三十的前一天回来，大年初三就走了。你当然感觉"年味儿"在变淡，因为整个过年过程中，你也只是参加了年夜饭，然后亲戚朋友喝喝酒、打打牌，走街串巷，四处拜访拜访。

你对过年这个活动的投资变少了，你参加不到那些过年前的准备活动。过年需要酝酿，但是你没有机会酝酿，你大年三十前一天才到家。

过年前一个月的"酝酿"，就是对整个过年活动的投资，然后产生对过年的感情。现在没有了"酝酿"，那么对过年的感情就慢慢变淡了，自然就感觉不到"年味儿"了。

投资学与"受伤"的关系

很多人在分手后都会说："我在这场恋爱中受伤了，那个人狠狠地伤害了我。"你有没有想过，真的是对方伤害了你吗？

我举我身边同事的一个案例。

我同事在上大学的时候想去法国留学。于是，他在考试前几个月时间里，每天读书都到深夜一两点，宿舍熄灯后就打小电筒在被窝看，然后第二天早上6点起来继续学习。天冷天热，一直如此，那么刻苦，那么执着，令人感动。

后来，他通过了考试，你能想象他的激动吗？他终于要去法国了。他的理想是建筑设计师，终于就要实现了。留学回国后的他肯定是个很牛的建筑设计师，前途如此光明！

但是很遗憾，这件事发生在2008年，因为"家乐福"事件，导致中法关系降至冰点，很多合作都无法进行，签证更是难办。虽然有极个别的学生通过一些途径搞定签证，但是绝大多数学生的签证都没有办下来。

你能想象他听到这个消息是什么心情吗？无异于晴天霹雳！梦想近在眼前，居然因为这个不可控的事件而破灭，那才叫真正意义上的"心都碎了"。

之前努力了那么多，同学们都奋斗了那么多天，多少个日日夜夜的煎熬，最终的结果又是什么？！

于是，这个哥们就"受伤"了，消沉了半年，同时这件事也成为他一辈子的伤痛。

感情上的伤很多时候是自己进行了大量的时间、精力等投资，但到最后却几乎没有什么回报导致的。这种投资与回报的强大落差让人难以接受，这就是打击，这就是受伤。

回归到分手这件事中也是一样，你受伤并不是全部因为他，你的受伤只不过是被自己的投资伤害到了而已。

根据投资学的理论：人往往做一件事，有投资就想获得回报。

明白这些，更有利于你理解自己内心的感受。

怎样让一个人爱上自己

从产生感情的过程来看，首先你要具备能够吸引他、能引起他的兴趣的价值，这是最基本的。至少，你的个人价值不至于低到让对方讨厌，甚至不屑一顾。

如果，你们之间的价值差距实在太大，那么我有两个建议：

1. 努力提升自己的价值，缩小差距，乃至超越他。

2. 直接放弃。

然后，你要做的就是在他面前展示你的价值，特别是他感兴趣的那一方面。你这么做的目的，是吸引他的关注。他在关注你，实际上就是在对你进行投资。

但仅仅是简单的、初步的关注还不够。记住，感情是建立在时间和精力投资的基础上的。你需要想方设法地让他持续对你进行投资。

实际上，他在想你，他关心你，他对你嘘寒问暖，他关注你的微信朋友圈，关注你的微博……这一切，都是他在对你投资。你需要创造使他对你进行投资的机会，而且是对这种投资有所期待的那种。

而一旦这种投资持续到足够的时间或者积累到一定的量，那么他就会对你产生感情。时间越长，积累的量越大，这种感情就越深厚。

所以，回答这个问题：怎样让一个人爱上自己？

答案就是：先让他对你有兴趣，然后想办法让他对你进行持续的投资即可。

他对你投资越多，也就会对你用情越深。

分手后，为什么要"断联"

所谓"断联"，是指切断联系。很多人失恋后，还是会偷偷地看着他的微信朋友圈，看着他微博动态，想着他怎样怎样。一句话，就是继续在关注着他。

要知道，关注的本身就是在投资。

你继续关注他，就意味着，他放弃你了，而你还在对他进行投资，而且是毫无回报的投资、"绝望"的投资。这种投资如果不切断的话，就意味着你对他的感情在持续，所以我可以肯定，你在短时间内是很难走出阴影的。

随着时间的推移，如果这种"绝望"的投资仍在持续，很容易让自己越陷越深，也越来越痛苦，甚至比刚刚分手的时候还要痛苦。

所以说分手后，断联是尤为重要的。无论你是想走出阴影还是想逆转，你都首先要切断自己对他的投资，删除一切联系方式，不再关注他。那么你的投资就会慢慢减少。

你要把时间和精力投资到如何重建自己的生活上面，让自己的生活变得丰富精彩，你需要做的是拓展自己的社交圈，跟朋友一起出去游玩，做自己喜欢做的事……

总之，就是过属于自己的生活。这样有利于你重新建立自我价值，增加自身魅力。无论你是想彻底走出分手的阴影，还是希冀那个人能够回心转意，这都是你必须要做的。

另外插一句，有些朋友分手后，一直想去挽回这段感情。我在这里想说的是，如果两人的价值不对等，高低位严重不平衡，就算你成功地挽回这段感情，把他留在你身边，也只是暂时的胜利，因为你们之间的矛盾并没有从根本上解决，很容易重蹈覆辙。

除非你的价值得到提升，你能改变你们之间的高低位，这样的复合才有意义。我一向不主张挽回，而提倡逆转，就是这个道理。

逆转，就是说你的价值已经发生改变，你能够重新吸引他，再让他对你投资，这样的复合才有意义。

爱情的毒药——托付心态

很多关系的破裂，原罪就是"托付心态"。

由于"托付心态"有着严重的危害性，因此我在此对"托付心态"做一个具体的阐释。

请大家提高对"托付心态"的重视，因为这会对你的恋爱关系和以后的婚姻生活产生深远影响。

很多人一直都在分析分手的原因：是自己太任性，还是对方太无情？是自己魅力不够，还是对方太花心？

也许以往，你一直在问题的表面上打转转。

但现在你会发现，"托付心态"才是真正的爱情毒药。

何谓"托付心态"

一个人对你好，并不能达到"照顾你一切"的程度。

"我要给你一辈子的幸福"这句话是一个浪漫的承诺。请正确地理解"浪漫的承诺"这几个字，尤其是"浪漫"。试问：一个人的幸福是要靠别人给予，还是要靠自己去争取？试问：生活中，有多少人能够做到照顾好自己？连自己都照顾不好的人，又何谈去照顾好别人？人只有在照顾好自己后，有多余的精力，才能够去照顾别人。

我们每个人，谁又不是有着一大堆烦恼。他在为自己的生活忙得焦头烂额的时候，还要分散精力来照顾你，你觉得他累不累？

人的精力毕竟是有限的。一个人若能照顾好自己的生活尚且不易，你又怎能过多地奢望他来照顾你的一切？

那么，**正确的心态是什么？**

作为一个成熟的个体，我有足够的能力照顾好自己的人生，同样，你也有足够的能力照顾好自己的人生。

那么两个人又为什么要在一起呢？

因为，两个人在一起能够产生一些独自一人不能获得的快乐与满足。

简单说，两个人在一起开心、快乐，所以在一起。

关于"你是属于我的"这句话，这里补充说明一下。

为了浪漫，"你是属于我的"这样的情话是可以说的，但你心里不要把这句话太当真。一个人真的能"拥有"另一个人吗？爱一个人就能拥有一个人吗？

其实，你对他好或为他做一些事，并不会使你拥有这个人，因为没有一个人可以"拥有"另一个人。

同时，"因为我爱他，所以他也应该爱我"这句话也是有问题的。

爱一个人不是义务。

爱一个人，你只拥有为他做一些事的权利，而他也有权利决定是否接受。

更直接地说，你爱一个人，是你自己的事；人家爱不爱你，是人家自己的事；"你爱"和"爱你"是两码事。

另外，不要妄图去改变对方，每个人可以改变的只有自己。在某些时候，也许能稍微地影响对方，但也不要有过多的奢望。

一个人如果错误地认为自己"拥有"了对方（"他是属于我的"），她就会很自然地以为自己有权控制对方，可以向对方提出诸多要求——要求对方对自己好，照顾自己的一切。

但是，这些对于对方来说是一种巨大的压力，甚至会让对方产生窒息感。到最后，对方的内心深处会产生抵触。每当两人争吵的时候，就会有抗拒的语言和态度。（女方的态度是"你对我好是天经地义的"，而男方会渐渐反抗女方的这种态度。）这样发展下去，使得两人的关系越来越紧张。

那么到底什么是爱？

我不知道。

我只知道很多人常常误解爱。

我的一个朋友因为工作需要经常去伊犁出差，每次在那边总能接到女朋友的电话："亲爱的，你现在过得好不好啊？有没有想我啊？"

如果这哥们回答"过得很好，挺开心的"，女朋友就会很伤心："你都不想我，你一个人都这么开心！"这哥们非常郁闷，难道我必须说"我现在糟透了"？

这是爱吗？

很多人把依赖当成了爱，觉得爱就是两个人甜甜蜜蜜，天天黏在一起，谁也缺不了谁。当看到对方没有自己也活得很好的时候，内心就会没来由地生气，觉得对方不爱自己了。

这种人往往很难独自照顾好自己——因为她其实不是爱对

方，而是依赖对方。

真正的爱，不是捆绑，是给对方带来快乐，是给对方足够的自由。

你有没有这样的经历？

给男朋友发一条信息："亲爱的，我好爱你！"但是过了一会儿对方没有回信息，你就开始着急，时不时地翻看手机。

你是在表达你的爱吗？

如果是，为何又如此焦虑不安呢？

还是其实你是在等待他回信息说"小宝贝，我也很爱你！"？

这样就是把爱自己当成了爱别人。

你有没有对男朋友说过"我对你这么好，你却不听我的话"？

这句话听上去好像表达的是自己多么善良，对对方多么好，其实这句话背后是一种要求与责备。翻译过来就是："我对你这么好，所以你必须听我的话！"

哈哈，这是爱吗？

我们天天在说"爱"，但是对于爱，我们真的知之甚少。

每天你觉得自己在"爱"的那些时候，有多少是真的爱？

异地恋投奔，会加深你的托付心态

在恋爱中，女生普遍都有托付心态，只不过，有的女生比较轻，有的女生比较重。如果你的托付心态比较轻，那么男生还能承受；如果托付心态太重，男生就会觉得压力很大，觉得很累，想要逃离。

可能大家都有异地恋的经验，当两个人相隔的距离到了一定程度，很可能会需要其中一个人到对方的城市一起生活（据我观察统计，通常女生到男生所在城市的情况比较多），这就是我们今天要说的问题——异地恋投奔。

异地恋投奔会加重托付心态。也就是说，你本来对他是有一些托付心态的。当你去到他的城市，你去投奔他以后，你对他的托付心态会成倍地增加。

比如，你们一起在四川上的大学，大学里谈的恋爱，可能他高你一级，他大四的时候，你大三。他毕业以后为了前途，就只身前往上海找工作，然后你待在四川上学，准备毕业论文。一年以后，你毕业了。考虑到你们以后的感情，你决定也去上海工作，这就是一个典型的异地恋投奔。

你到了上海以后，可能你们住在一起，也可能因为工作单位相距太远不住在一起。于是他帮你找房子，帮你一起去买家具，帮你一起去电信营业厅开通网络和有线电视，帮你安排好一切。

于是你发现，你越来越依赖他了，越来越离不开他了。

为什么异地恋投奔这个行为往往会影响感情？

无依无靠的状态，加重了你的托付心态

到了他的城市，除他之外你几乎不认识任何人。说实在的，你来到这个城市就是为了来投奔他。所以，生活中、工作中遇到各种问题，不管大事小事，你都只能去找他。因为你在这个城市无依无靠，人生地不熟，你只能找他。

那么时间长了，他可能会厌烦。比如生活中，如果你家洗衣机坏了、卫生间漏水了、家里停电了，遇到这些事你去找他帮忙没问题，问题是不论大事小事都会去找他。比如，电视遥控器没电了，因为是纽扣电池你不会换，你去找他；一个桌子抽屉因为年久失修，你打不开，但抽屉里有你的身份证，没办法，你找他。

你懂我的意思吗？

在他看来，你有什么困难要解决，找他可以。但是你各种大事小事都找他的话，他就受不了了。他毕竟也有工作，也要休息，你各种乱七八糟的事都找他，时间长了，他就会觉得很烦。他就会觉得你这个女生的独立性怎么这么差，这么点小事自己都解决不了，都要找他，都要来烦他。所以，这种无依无靠只能找他的模式，加重了你的托付心态，也影响了对方对你的感情。

异地恋投奔，你觉得你为他牺牲了很多

你离开你的城市，离开你的父母，离开你的同学、朋友，跟着他不远千里来到这样一个人生地不熟的城市生活。

你的潜意识就会认为，你为他付出了，为他牺牲了，所以你认为他应该记住你的这些付出和牺牲。因为你的这些付出和牺牲，他应该对你更好。

如果在生活中，他没有对你更好或者他稍微对你怠慢了，你就会不高兴，你就会闹情绪，你就会积累怨念。怨念积累多了，以后各种大吵小吵就是少不了的。

所有这些，都是在说明异地恋投奔往往会影响你们之间的感情。

那么，如果你一定要异地恋投奔，那怎样才能避免这些问题呢？

首先，如果你面临异地恋投奔的问题，你就不能认为你自己牺牲了什么，付出了什么。

你去他的城市，是为了你们两个人的感情，是为了你们两个人的将来，是为了你自己，为了你自己的幸福。所以，你不完全是为了他，他其实也没欠你多少。

另外，到了他的城市以后，你也不能一心就依赖他。你必须建立起属于你的生活，好好工作，认识新的朋友，好好地培养自己的兴趣爱好，这样你就可以不那么依赖他。

其实，你不依赖他，他往往会感觉轻松许多，你们的关系也会好很多。

也许只有这样，你们的关系，才有可能修成正果。

人都是花心的

"他为什么有了一个姑娘，还想要第二个姑娘？""他为什么会见异思迁？""他就是个花心大萝卜！"我想我们自己可能都有过，或者都曾听身边的朋友有过这样的抱怨吧。"花心"也好，"花痴"也罢，在男女关系中，是怎么绕也绕不开的话题。在这儿，咱们坐下来，泡壶茶，聊聊男女"花心"的秘密。

美是人类永恒的追求。

任何一个人，不管男女老幼，都向往美好的事物。

每个人都向往阳光明媚、鸟语花香、风景秀丽的世外桃源。没有人喜欢住在臭水横溢、垃圾成堆的地方。

所以，男男女女被"美"的异性吸引，本身就是一件很普通、很正常的事。

欲望

欲望源自人的本性。

所谓理想，所谓努力奋斗，所谓争口气，都是为欲望所驱使。

我们不是清心寡欲的苦行僧，我们每个人都想生活过得好，我们都对美好的事物充满欲望。

他为什么有了一个姑娘，还想要第二个姑娘？他为什么会见异思迁？

因为欲望。

你这个姑娘是很美好，前期他可能会安分守己，对你忠心不二。可有时候到后期，你已经不能够满足他的欲望。走在路上，或者他隔壁班的隔壁班，或者公司不同部门，出现一个符合他心意的姑娘，他就会动心。

动心是因为对美好事物的向往，动心源于欲望。

在这个充满着各种美好事物的世界里，动心对于一个人来说是很正常的。但有时候心动了，不代表就行动了，有花花的心，并不一定会有花心的行为。

一个人，如果真的不花心，或者没有表现出花心，那么是有两方面条件制约着：

1.自身价值问题。自身价值低，魅力不够，对自己极度没有自信，自然花心不了。我把这一类归结为能力不允许。

2.思想问题。比如受某些道德观念或者宗教思想的影响和约束，不允许自己花心。我把这一类归结为意识不允许。

对于第一个因素，我们其实都心知肚明。

一个每天在城市公交站台伸手向人掏钱的乞丐，他也依然是花心的，他也是向往美好事物的。但他没有花心的能力，也就无法做出花心的行为。

人家都不拿正眼看你，请问你如何花心？没有人喜欢你，请问你如何花心？

所以，花心，更准确地说，在实际行动上表现出花心的人，至少要有一定的个人魅力，至少要对自己有一定的自信。

我们把花心的人叫"花花公子"。"花花"这个词是和"公子"搭配的，说的不就是这个事儿吗？但是"公子"未必都"花花"，不管他的脑子里怎么想，至少在行动上不是所有的"公子"都"花花"。

这就是我们的文化传统，以及我们现在的道德观念在约束着我们：女人要温柔，要矜持；男人有责任感，要保护女人。我们的道德提倡的是，无论男女，对待感情都要忠贞。这样的道德观念，对花心便是一个很有力的约束。

一个有着强烈社会道德感的人，一般是不会花心的；至少不会在行为上表现出花心；至少风流但不下流，不会做出很出格的事。比如他可能会不太喜欢一个女孩，但他会跟这个女孩分手后再去谈下一个，他心里也会经常念着前任女朋友的好。

进化论

生物进化，导致了人的花心。不仅是人，大部分生物（动物等）同样也是花心的。也就是说，每个人一生下来，就有花心的基因。

地球上每个人都在为生存努力着，就算是路边的乞丐，你也不能说他完全不努力。如若他真的一点都不努力的话，那他早死了。生存得到保障之后，繁衍这个重大问题就摆在了人们的面前。

根据生物进化理论，我们知道，每个人都想要争取到繁衍机会，那样自己的基因就会被流传下去，而且每个人都倾向于去寻找拥有优秀基因的异性进行交配。

那么，人为什么要花心呢？有一个异性和自己好不就行了吗？

远远不够！

从理论上讲，一个人只跟一个异性结合和一个人跟多个异性结合这两种情况，你认为，哪一种情况能让这个人的基因更好地流传下去？

当然是跟多个异性结合才能有更多机会，更好地流传自己的基因。

如果一个人一出生，他就被丢到原始森林里面，没有获得伦理、现代文明的教育，那么他长大以后脑袋里面就没有"人要一心一意，人要矢志不渝"的思想。那么这个从原始森林中成长起来的"人"，和多个异性结合也不算什么异事。

使自己的基因被更好地流传下去，这是不可改变的生物进化目标。这个目标在潜意识里，始终在影响着我们对异性的态度和选择。

说到这里，我们就很清楚了——我们是不可能阻止一个人花心的。

对于我们每一个人来说，一味地痛恨对方的花心，恨对方的劈腿，是没有用的。你要坦然接受"人都是花心的"这一人

性规律。

那我们对"花心"的人就没有办法了吗，只能被动适应？

我倒是要反问一句：为什么我们不能去主动适应？

告诉你们一个秘密：

男人是需要调教的。

当然，女人也是需要调教的。也就是说，人是可以被调教的。就像你经过多年的家庭、学校、社会教育变得不怎么花心一样，你也是被调教了。

调教，成了关键！

调教其实是人际交往的东西。

但我说的这些还是远远不够，你需要自己去理解，去摸索，去学习，去应用。

总之，你的路还很长。当然，我的路也很长。

我们都只是在路上。

男人是需要调教的

没有人天生就会恋爱。

在恋爱中，男人是需要调教的，同样，女人也是需要调教的。

合起来讲就是，在恋爱中，人是需要调教的。

什么是调教，调教的目的又是什么？

举个例子来说：

邻居小姑娘领回来一只全身金毛的小宠物狗，兴奋无比。整天和小狗一起玩，给小狗梳毛洗澡，认真细致。小狗闹腾，她就陪小狗闹腾；小狗趴着不说话，眼睛对着她看，她也看着小狗，摸摸它的头。

一切都蛮顺心的。

唯一令小姑娘感到尴尬的是，小狗还不会到指定的地方大小便，总是东一处西一处，留下的不是潮湿的痕迹就是一坨臭臭。

怎么办？

小姑娘去网上搜索了一下，她一下子找到了解决方法。

带领小狗去指定的地方大小便，每天带五六次，连续一个星期。一个星期以后开始做一件事。当发现小狗在指定的地方排便后，你应当尽量略显夸张地抱住它的脖子，抚摸抚摸它的头，让它意识到在这儿排便能得到主人如此欣赏的赞扬。而当你在别的地方又发现了狗狗的便便后，应在当场对它严厉训斥，用手戳它的鼻子并狠狠责骂它。

一段日子后，小狗一般就会乖乖地去指定的地方排便了。

正如上面的例子所讲，动物也是需要调教的，而最牛的调教家就是驯兽师。

那么，回到刚才的话题。那么什么是调教？调教的目的又是什么？

从上面的例子可以看出，调教就是赏与罚，而调教的目的也很直接，就是想让对方"听话"。"听话"即"服从"。

你男朋友是不是经常不听你的话，老是让你伤心？你是不是经常跟姐妹哭诉，"我对他那么好，全心全意，他却对我这样，不理不睬，不管不问。男人究竟是一种什么动物啊"？

分手后，你逐渐适应没有他的生活。可没过多久，他又跑回来，各种坦白，各种道歉，各种求原谅，看着他那诚挚的目光，听着他那动人的话语：

"当初是我对不起你，是我狠心离开了你，每次一想到这儿我就心痛。你知道吗？离开你以后，我又总是想起你的好。晚上经常睡不着，但我又不好意思去打扰你。今天我来找你，是我终于发现，我是真的离不开你。回来吧，好吗？"

你是一个容易心软的人，这番暖人心房的话让你的一切执着、一切怨恨全都烟消云散。

你们又在一起了。

你以为你们会永远地，平平安安地，甜甜蜜蜜地在一起。

可结局又让你伤透了心，他又离开了。至于为什么离开，这些已经变得不重要了。

说到这里，我想大声地问你一句话："你知不知道，他为什么会一次又一次地离开你？他怎么就能够如此地肆无忌惮，为所欲为？"

他难道就不害怕什么吗？

这个问题问得好！

这个问题就是关键！

事实就是，他敢于这样做的根本原因就是，他不害怕什么！

小狗为什么敢随地大小便？因为小狗知道，随地大小便没什么，很正常。但是下次小狗随地大小便以后我就大声地责骂它，用手戳它的鼻子，甚至用脚踢它，两天不给它饭吃。

请问，小狗下次再想随地大小便的时候，心里会不会有一点害怕，害怕再这样随地大小便就会受到我严厉的惩罚？

我相信，现在你们都已经逐渐明白调教的意义了。

接着，我们需要反思我们交往的过程。你是不是在有意无意之中就被他给"调教"了？

他让你做一些事情，你不太想做，但是他一生气，或者他转身就走，你就怕了。

你害怕他跟你冲突，你害怕他生你的气，你害怕他离开你。于是，你慢慢地接受了他的要求。

就像有的姑娘口口声声跟姐妹说："我是绝对不会原谅男朋友出轨的。"

但是有一天男朋友真的出轨，跟别的女人上床后，这个姑娘大闹了一场。闹到最后男人要走的时候，她又死死抱住对方。因为很爱这个男人，害怕这个男人离开自己，她就慢慢原谅了对方的出轨。

于是这个男人有了第二次出轨、第三次出轨，而这个姑娘也就有了第二次原谅、第三次原谅。

姐妹们替她打抱不平，说这样的男人怎么能要！而这个姑娘却帮着他说话，说他有他的苦衷。

这个姑娘在不断原谅这个男人之后给自己的心理安慰是："我这样做只是因为我太爱这个男人了。"

哈哈哈，你太爱这个男人了。

你为什么不问问自己，为什么这个男人敢一次次地出轨？

他怎么敢？

他当然敢！

因为他知道，他出轨了，也没什么，不会有什么太严重的后果，你在闹腾过一阵子以后反正会原谅他。

是的，他没有什么好怕的。

你该怎么办？你能怎么办？

既然他能调教了你，让你痛苦不堪，为什么你就不能为自己争口气，也让他吃吃苦头？

有的人会问，我能够调教得了他吗？

不一定。

是的，不是人人都可以当调教者的。

调教者身上有一种气质。没有这种气质，你就是把本书翻来覆去看100遍你也学不会。

这种气质就是魄力。

所谓魄力，就是敢于承担风险，敢于去做。

是的，你敢不敢承担失去他的风险去做一些事？

调教者必须有魄力。

没有魄力的人容易摇摆不定，意志不坚决，做事不果断。

他一给你压力你就受不住，你就害怕，你就屈服的话，那么你就不是一个调教者，你只是一个被调教者。

你连"断联"都做不到的话，那你根本就不可能成为一个调教者。因为"断联"就必须承担永远失去他的风险。

所以说，有的时候，男女关系，就是一场博弈。

恋爱调教的具体操作

总体规则如下：

他对你好，对你无微不至，带你出去兜风逛街，给你买零食、买花、买礼物的时候，你就应该给他一个大大的拥抱，摸摸他的头，对他微笑，大大地鼓励他的这种行为。

他对你不好，不理不睬，不管不问，几天没有一个电话、一条信息，周末不陪你逛街，跟你大谈街上哪个美女腿好看的时候，你就应该小小地惩罚他一下，不理他，不接他电话，不跟他说话，不跟他见面，不跟他上床。

如果他跟别的女人暧昧，他跟前女友拉拉扯扯，他在微信、陌陌上勾搭别的姑娘，他跟别的姑娘玩劈腿，那你就应该狠狠地惩罚他。在他跟别的女人撇清关系，并好好向你道歉之前，休想见到你。

是的，他不听话，就要给他瞧瞧，本姑娘也不是好糊弄的。

你要让他知道，他一旦对你不好，那么他回家就会对上你的冷脸和分房睡。他一旦跟别的女人搞不清，那么他就只能滚回自己家。

总之，他"服从"了你，你就应该大大地奖励他；他不"服从"你，你就要让他好看。

惩罚的目的就是让人害怕。你就是要让他害怕，在他做那些"不听话"事情的时候，心里会阵阵发凉，会心有余悸。

那么，他下次就不敢了。长此以往，在你严厉的调教之下，他就会乖乖的了。

相信不少姑娘看了上面的内容以后，心里会发虚，感觉自己做不到。

我并不是要你们一下子就能做到。慢慢来，从小事做起。大惩罚现在做不到，我们可以从小惩罚做起。

最起码，对他冷脸你能做到，不跟他说话你能做到，不跟他见面你忍忍也能做到，不跟他上床你心硬一硬也可以做到。有时候，长时间不跟男人上床是女人制衡男人的撒手锏。但是，你必须承担风险，承担他离开你，去找别人的风险。

总之，慢慢来，就算不会把他调教得乖乖的，但是让以前自己低位的局面有所改善，也是蛮不错的。

低位时的痛苦，他对你无所顾忌的伤害，想来就来想走就走的无奈，我相信你深有感受。

有些朋友分手后，会悔恨万分："当初没有好好珍惜他，这么好的一个人就这样离开了……"

其实，我倒是觉得，你根本不必悔恨。

从你的内心出发，对于他你是做出了非常大的努力来让他留下来。最终，他没有留下来，并不是你努力不够，而是你目前还不善于保持恋爱关系，也就是说你在恋爱这方面的能力还不够。

没错，恋爱是一种能力，是需要慢慢培养的。

很多人把自己剖析出来的原因告诉对方："我们变成这样确实是我不好，是我太任性，太不顾及你的感受，给我一次机会好吗？我一定努力去改，你一定要相信我。"

经过一段时间以后，就可能变成了这样——"我知道这一切都是我的错，是我不好，我已经深刻知道自己的问题了，求求你了，再给我一次机会好吗？求求你了！"此时的你甚至泪眼婆娑。

但是，就算是变成了如此的卑微恳求，这一次他却不一定会给你机会。

为什么？

因为你做不到。你根本就改不了。

他或许一开始还相信你，但到最后他也逐渐认识到："是的，她改不了的，她已经无药可救了。"

你们会问："那怎样才改得了？"

我很遗憾地告诉你们："彻底分手以后。"

成长伴随着刺痛。如果始终可以保持愉快地成长，生命岂不是太过轻松？

回到刚才的话题，你有没有想过，你所分析的分手原因是不是太过苍白无力，不足以解释你们之间发生的种种情况？那么，究竟你们为什么会分手，他究竟因为什么死活要离开你？

我们先导入几个概念吧。

愉悦度

愉悦度与好感浓度和冲突浓度有关。

好感浓度，即我们与对方交往时获得的令人开心的体验。

比如大雪天你们出去玩，你的小手冻得通红。他看到了，轻轻地把你的手放在他的手心，给缓缓地哈气。这个时候你感觉他是这个世界上最棒的男人。

你过生日，你以为他不知道或者已经忘记了。正当你落寞时，他居然给你精心准备了一个大蛋糕，还有一个特别的礼物——你期盼已久却舍不得买的粉色连衣裙。你是不是激动得给了他一个大大的拥抱？

冲突浓度，即我们与对方交往时获得的令人痛苦、令人沮丧的体验。

比如恋爱前他对你一个劲地献殷勤，确认关系后他就开始玩他的破游戏，不肯花太多时间陪你。你因为这事跟他吵，跟他闹，可他似乎并不放在心上。你对他很失望。一次冲突中，他居然动手打了你。要知道，从小到大，连爸妈都没打过你。在这样的身体和心理剧烈疼痛中，你渐渐感觉温馨越来越少，冷漠越来越多。

公式：愉悦度=好感浓度/冲突浓度

愉悦度我们可以这样理解：

当一个人对我们很好的时候，或者对我们好的程度远远大于对我们坏的程度，那我们就相对愉悦；

当一个人对我们不好的时候，或者对我们好的程度远远小于对我们坏的程度，那我们就相对不愉悦（痛苦）。

在恋爱的时候一定要注意，当对方开始频繁挑刺，说你这也做不好，那也做不好的时候，说明你们在一起的愉悦度已经很低了，这就是分手的征兆了。

满意度

愉悦度和满意度不是同一个概念。

愉悦度高不代表你对这段恋爱关系就很满意。因为恋爱关系的满意度，还有一个非常重要的参考因素，就是期望水平。

公式：满意度=愉悦度/期望水平

期望水平就是我们对一段关系的期望是很高、非常高，还是相当相当高。

这个期望水平的标准从何而来？

从过去的经验中来。

比如，上一段关系中男友对自己相当好，无微不至、体贴有加、端茶递水、孜孜不倦。那么，你在下一段恋爱时就会拿上一段恋爱的体验进行比较。这时候你的期望水平就会比较高，你希望对方也能同前任一样甚至更加对自己好。

又比如，上一段恋爱关系中他对你很不好，不温柔、不体贴，邋遢得要死，睡觉前还不洗澡，睡觉时还有难听的鼾声。想起跟他的交往经历，你就痛苦得要命。这时候你的期望水平就相对较低，你的潜意识对这一段恋爱对象的要求就相对较低。

当愉悦度高于期望水平，你就会对这段关系比较满意，你就会感到幸福。

当愉悦度低于期望水平，你就会对这段关系比较失望，你就很难会感到幸福。

期望水平的概念其实非常重要。

你可能经常对比身边的姐妹们，你对男友好的程度远远高于姐妹们对她们男友好的程度，但你却发现男友对自己还是不大满意，还是总找机会挑自己的刺。而姐妹们的男友仿佛宽厚得多，对你姐妹的满意度却较高。

这就是因为各人的期望水平不同。

令人纠结的是，并不是他非常满意你，他就一定会留下来跟你好好相处。因为，这还得看，他究竟有多少个选择的机会，没有最满意，只有更满意。

可选择度

每个人都希望获得更好的恋爱关系，这句话不是瞎扯——没有最好，只有更好。

简单理解，尽管目前的关系很好，我非常满意，但是我发现有一个女孩更好，我跟她相处也许能获得更好的愉悦度和满意度。那么，我就可能结束目前的关系，转投到更好的关系中去。

就拿一个超级优质男来说吧，他的期望水平应该会非常高，所以即使有一个迷倒万人的"神仙姐姐"女朋友，他也可能会相当不满意。

更要命的是，优质男可选择对象较多，所以这个极佳女友可替代度也是非常高，优质男会和一个女生保持长期关系的概率往往要低于普通人。

当一个人有很多选择的时候（可选择度高），其恋爱对象的可替代度就很高。

当一个人没有什么选择的时候（可选择度低），其恋爱对象的可替代度就很低。

这一点非常重要，也是为什么很多人仍会待在使自己极端痛苦的关系之中而不愿放手：尽管非常痛苦，但更害怕的是，分手以后情况会更糟。

有的时候，我们也会发现，对方在跟自己分手后还时不时地来骚扰自己。有的人被这种情况迷惑了双眼，以为自己还有机会。殊不知，对方一旦找到了下家，就会毫不犹豫地跟你彻底断绝联系。

当然，也并不是说一个人的可选择度高，他就一定会结束当前还算不错的恋爱关系，因为结束一段关系是需要付出代价的。

他可能会失去可爱的你，招致身边朋友对自己的负面评价，被人骂混蛋的感觉并不好受，并且他会失去他在这段关系中的投资，包括情感、时间、精力、金钱等。另外，他还要承担新欢是否可靠的风险。

弄不好，两条船都翻掉。

这也是为什么一个在婚姻中感受不到幸福的妻子就算遇到了不错的人，也不代表她就一定会去跟丈夫离婚。因为离婚是需要付出代价的，如为此而苦恼的子女、愤恨的前夫、失望的父母、不解的朋友。所有这些都会降低结束一段关系的整体意愿。

所以，一般情况下只有当新欢的可期望值远远高于目前的恋爱关系满意度和离开的代价时，他才可能考虑换人。

让人窒息的是，期望水平和可选择度这两个指标会随着时间的变化而发生变化。

我举两个例子来说明：

1.我们从小到大对游戏满意度的变化。

2.为什么近年来离婚率越来越高，无论是美国还是中国？生活在大城市的人比生活在小城市的人们更容易离婚？

我们从小到大对游戏满意度的变化

你还记得小时候玩的电子游戏吗？插卡的那种，用手柄玩的。你还记得超级玛丽、坦克大战、冒险岛、松鼠大战、魂斗罗、忍者神龟吗？暑假里你成天玩着这些游戏，通关了再通关，变着花样地玩一点都不腻。

而现在，电脑游戏、手机游戏数不胜数，比如一些小游戏，植物啊、西瓜啊、小鸟啊各种各样满天飞，画面不知道比小时候那些游戏好了多少倍，游戏体验也是非常刺激，更别说那些3D大游戏了。

但是，为什么有的游戏你只玩过一遍就不想玩了？为什么有的游戏你一看画面就不想玩了？为什么再没有什么游戏可以让你像小时候玩得那么疯了？是现在的游戏真的比不上小时候的那些游戏吗？

其实是我们的期望水平和可选择度都大幅提高了。

游戏是好玩，但我们期望更好玩的游戏。这个游戏是不错，但那个游戏好像也不错，我都挑不过来了。

在这样的环境下，你还能指望我们对哪一个游戏专注吗？

为什么近年来离婚率越来越高，无论是美国还是中国？生活在大城市的人比生活在小城市的人们更容易离婚？

离婚率高跟离婚成本下降有着非常高的关系。

以前，离婚要背负极大的心理压力以及担忧离婚后可选择度更低。现在，人们对离婚更加宽容，也能更多地接受再婚。

所以，不合适为什么还要在一起？

及早发现，及早行动，减少损失，就能增大以后重新获得幸福的机会。婚姻是件大事，应该慎重，怎能让别人的看法影响了自己的幸福？

大城市和小城市有什么区别？

最简单的一个区别，你每天接触的异性数量和质量都很不一样。在大城市，你受到的诱惑更多。

我前两个月去西南的一个边境小城。这座城市很小，周围被大山包着，交通不是很便利。试想，在这个小县城结过婚的男人女人，跟北京、上海结过婚的男人女人比较，哪一类人会更加安分？

依赖度

这个依赖度和我们之前强调的"托付心态"有关。可选择度决定了我们对恋爱关系的依赖度。

公式：依赖度=愉悦度/可选择度

当我们认为现有的恋爱关系是我们目前能得到的最好关系时，我们就会依赖现在的恋爱对象——那个完美的他，而不会轻易离开。而且，当前恋爱关系的愉悦度远远高于可替代对象的可预期值，即新欢远远不如现有对象的时候，依赖程度就会加深。

如果当前的恋爱对象仅比替代对象新欢好一点点的话，我们就不会非常需要当前的恋爱对象，依赖程度也不会很高。如果替代对象不断改善，开始超过当前的恋爱对象，甚至超过很多，或者我们的选择不断变多，那我们当前的恋爱关系就不是那么稳定了。

失恋人往往会陷入下面描述的情景中去：

如果你不喜欢自己，你往往认为别人也不喜欢自己，从而会低估自己找到更好选择的前景。

如果你过久地陷在糟糕的关系中，你就会丧失希望，忧郁地估计自己在别的关系中也不会表现得好，就会认为自己一无是处。

我坚持认为，当我们的恋爱出现问题的时候，不要一味责备自己，而是要认可自己。然后要尽可能地扩大社交圈，找回自己的生活。

另外，再次强调，对恋爱关系的满意度很高并不足以让他决定留在你身边。大家想一想情侣分手的发展轨迹：已有分手倾向的情侣在决定彻底分手前，往往有相当长的一段时间在痛苦中纠结。

我将此阶段称为震荡期。那么是什么最终促使他们采取行动？有两方面因素：

一方面，恋爱关系的每况愈下，每天的争吵胡闹，双方都精疲力竭。以前认为很普通的新欢这个时候也许都比现在的对象好很多倍，或者有了更好的对象出现，甚至有的人认为独自一人过都比两个人在一起要好。

另一方面，分手的成本降低了。比如双方在一起痛苦的时间太长，他们的父母和好友都可能改变了观点，开始支持他们分手。又或者一方做好了分手后的准备，分手后他确定他能过得好。

归根结底，在我们的恋爱不甜蜜、不幸福的时候，并不一定就会去分手，可能只是考虑，但未必能真下决定。但如果在别处有了更好的选择，可以看到更好的恋爱前景，那么分手的概率就会大大增加。

现在，我已经把概念全部解释清楚了。我们现在来做一个总体分析：他为什么离开你？

原因其实很简单，在不考虑外部因素的情况下，要么他对你不满意了，要么他有更好的选择，移情别恋了。这二者可以单独成为分手的原因，也可以是兼而有之。

找到原因以后，我们怎么来应对？

他对我不满意了，那我想办法，让他对我满意不就行了？如果你这样想这就有点太小看满意度这个概念了。

我们设想你找到了理想中的男朋友，他充满爱心、迷人、聪明、幽默、富有、慷慨、勤劳。同时，他又是厨艺大师、电脑维修大师、家电维修大师。最重要的是，他非常喜欢你，对你非常好，你们的性生活也非常令你满意。他的到来，给你的生活带来了无限光彩。忘了说，他还是高级按摩师。每晚你回家，他例行为你按摩、揉脚，还为你准备了精美可口的食物。这样，你应该相当满意了吧！

但在连续几个月都享受这样女皇般的待遇后，可能会出现什么情况呢？

某天你回到家里，因为堵车他没早到家，没有人为你温柔地按摩，没有了美味可口的食物。你可能会抱怨："我的美食呢？我的按摩呢？"你已经在期望这些美妙的顶级待遇了，这表明你的期望水平远远提高了。

而一旦你习惯于完美的恋人，你就会发现你从他的娇宠溺爱中得到的愉悦要比过去的少。再加上那些顶级的待遇是在你们热恋期他为你做的，而到了平淡期，他的热情可能就会大打折扣。你就会发现他没以前那么好了。

这样一来一去，你的期望水平远远升高，而他对你的好却下降了。你当然开始不满了，开始小吵小闹了。他一开始当然很顺着你啦，因为你是宝嘛。但人总有烦的时候，你的胡闹多了，他总会烦的，总会头疼的。

可是你又不管这些，还当自己是女皇，继而发展成大吵大闹。大吵大闹给你们的关系带来的是冲突浓度的大幅升高。这样一来，最终，整体满意度下降了。

我在前面说了，满意度下降还不足以引起分手。

但随着糟糕的局面不断加重，你在他心中逐渐变成一个不讲道理、蛮横任性的人。这个时候，一个礼貌可人的新欢跳进他的眼中。

纠结过一段时间后，你们就分手了。一切就是这么简单。

最后跟大家聊一聊付出的问题。

付出多少意味着我们对对方好的程度，但是不代表付出多少就等于好感浓度提升多少，这非常重要。

有的人付出了很多，甚至分手后都还在不断付出，但对方并没有因此改变态度。要知道，你的付出要能给他带来愉悦才能提升好感浓度。我这么说就意味着你的付出中，有一部分并不能给他带来愉悦。

举个简单的例子，有些女生分手后会等到前任生日给他送礼物，试图以此来打动他。我承认，送他礼物是对他好，是对他付出。但是，你送礼物这个行为不一定能给他带来愉悦。原因可能是你不会送，送的方法不合适，又或者他本来很开心，但是送完礼物后你又要求复合，他不肯你又闹，结果又不愉快。

所以，总结一下，谈恋爱并不是一味付出就好。合适地、恰到好处地付出才能增进两人的关系，使关系保持长久。但这种付出，恰恰才是最费你心力的。这种付出，才是真正的付出。

在这里，我要跟大家聊聊"怨恨"这个问题。我们经常听说：某人和对象吵架了，某人分手了，某人被伤害了，某人被别人辜负了……然后某人开始记恨前任，心中满是怨气。

恋爱受挫，产生点负面情绪可以理解。但是，即便是我们要怨恨，也应该弄清楚我们到底该怨恨谁。

是的，我们究竟该怨恨谁呢？

这个世界很大，每一座城市，每一个乡村，每一天都有感情开始、结束。无论你有多不情愿，你很难保证这种事不会发生在你的身上。即便没有闹到分手，一些不愉快总会有的，反正就是一句话，恋爱往往不是一帆风顺的。它总是在不经意间搞出点状况，来点挫折——这才是恋爱，这才是生活。

恋爱遭遇挫折，我们避免不了，产生负面情绪，我们可以理解。不过，如果我们生气，我们怨恨，这个对象应该是谁？

如果受挫了，你怨恨的是你自己。那么恭喜你，你是天才。

如果受挫了，你怨恨的是对方，恨对方伤害了你，那我只能说，你只是暂时还没弄清楚恋爱究竟是怎么一回事。

有个问题不知大家想过没有：他为什么拒绝你？为什么开

始对你冷淡？为什么说不喜欢你了？为什么说对你没感觉了？为什么劈腿？为什么跟你分手？你再怎么求他，甚至跪下来抱大腿，他都不回头。那么冷，冷得让你心碎、让你心寒、让你流泪。

这一切究竟是为什么，他为什么不喜欢你，或者说不再喜欢你了？

因为吸引。

因为你已经不能够再吸引他了。

很多人问：我们几年的感情，难道他没有真心爱过我吗？

我回答你，别看他现在对你冷，但是当初他确实是真心爱你的。我保证，当初他确实是真心的。只是，现在不爱了，不喜欢了。

关于喜欢一个人，我要提醒一下朋友们：

喜欢一个人不是主动的行为，而是被动的。你这个姑娘很有魅力，柔情似水，就会对他产生吸引力，那么他就会喜欢你。而不是，一个姑娘去对男孩说："你来喜欢我啊，快来喜欢我啊。你知道吗？我喜欢你，很喜欢你，所以你也快来喜欢我啊。"

很多姑娘有个让人很无奈的话：你干吗不喜欢我啊？

要明白，是你吸引了我，我被你吸引，然后我才会去喜欢你。你这个人不能吸引我，不是我的菜，你却要求我拼命去喜欢你，拼命去爱你，这真是很让人头疼啊！

如果不是发自真心地喜欢你，你也一眼就能看出来。恋爱是两个人的相互吸引，是两个人的情不自禁。所以，各位一定要记住顺序，记住逻辑关系：先有两个人的相互吸引，而后才有喜欢，才有男女之间的恋爱。没有吸引，就没有喜欢。

在感情中，在男女关系中，没有吸引，就没有一切！

那么，吸引的核心是什么？

说到吸引，必须从人类进化说起。如果你经常看动物世界，应该对吸引有一定的理解。人类，存活在这个世界上，有两大最基本的使命：

一个是生存，就是活着。地球人上每一个人，无不在为生存或者更好地生存而奋斗。就算是乞丐，为了活下去，也不得不伸出讨钱的手。

另外一个，就是繁衍。你是一部生物机器，总有一天你要挂掉。但是有一种方式，可以让你的生命得到延续，那就是繁衍。

简单地说，繁衍就是一种生命延续的方式，只不过一直存在的是你的基因。你并不是这个世界上唯一必须生存与繁衍的人。事实上每个人，包括女人，都具有同样的本能。那么这么多人中，对方为什么会选择你，选择与你结婚，也就是与你的基因结合？

只要一个人有助于提升大家的生存与繁殖概率，我们就会倾向于与之结合。

是的，为了生存繁衍，每个人都倾向于去寻找拥有优秀基因的人，然后与之结合。

这个男人价值很高，包括很帅、很温柔、很有责任、有车、有房子，就是说这个男人有很高的繁衍价值，那么想和他结合的女人相对就会多。

那为什么女人往往更倾向于跟有一定社会财富的人结婚？

因为女人跟男人发生关系后要生育，要带大孩子，而有钱男人可以给女人未来的抚养孩子带来保障，所以"女人的现实"其实是需要后期繁殖的安全感和保障。

从这一点看女人的现实是值得理解的。

当然，男人也现实，总想为自己留下优秀的遗传基因。外貌好、身材好、身体健康的女人，身上普遍都有这种优秀基因。所以男人爱美女。

吸引的核心是价值。物质财富、身份地位等外部价值我就不多说了。内部价值其实很难描述清楚，大致包括让自己的生活变得精彩、扩大自己的朋友圈、改善个人气质、增加个人内涵等等。

那么，对于内部价值，有没有一个东西是核心吸引？

答案是：其实是有的，就是"框架"（关于"框架"，在后面的章节里我会有具体的解释，这里大家只要记住有这么一个概念就好）。框架就是最牛的"吸引力"，那些外貌帅啊、有钱啊、社会地位什么的都是表面的东西，都是很难去改变的。

但我们可以尝试改变那些我们可以改变的东西。比如心态，可以变强大；比如控制力，可以变强势；比如需求感，可以降得更低；再比如，可以掌握恋爱中必要的一些技巧。

框架，男女都可以修炼。

恋爱中的"一个巴掌拍不响"

我在很多地方都讲到了"断联"。有些姑娘听了，然后又怀疑"断联"的效果。

我不止一次地接到这样的电话："你不知道的，他是那种很要面子的男生，不肯轻易低头的那一种。就算是他想回头了，但是也会碍于面子不会主动联系我的。你都不能想象他有多么多么固执……"

她们说，就算坚持"断联"到最后，他也不会主动联系自己的。

然后就彻底结束了。

她们害怕彻底结束。

那么，我有这样一个小疑问："你们的男朋友真的都是那种固执的、很要面子不肯低头的人吗？"

前几天接一个姑娘电话，这个姑娘叫小五，她说她男朋友其他各方面都还好，就是有一点不好。他们一起吃饭，她男朋友总是让她请客，让她最后付账。

"喏，你叫我出来吃饭的，你请客吧。"

也就是说，吃五次饭，她自己得付三四次账。

姑娘们看到这里可能要骂了："这算什么男人！这种小气

的男人不要也罢！！！"

骂过以后，爽了吧，但我们不妨多想一下。

我们假设这样一种情况：小气男遇到的不是我们的小五姑娘，而是遇到一个身材曼妙、相貌秀美的姑娘，万般柔情，于纤细指尖间一点一漾。

这个美妙的姑娘在小气男眼中就是女神，也就是小气男的"梦中情人"。小气男为她痴醉。那么请大家说说，如果小气男有机会跟女神一起吃饭，他会不付钱吗？

他会说"嗜，虽然你很漂亮，但我想如果你不介意的话，还是你请客吧"吗？

他不敢！

我能想象到的是，他会屁颠屁颠地给女神提鞋，各种嘘寒问暖，各种关怀。

请问，小五姑娘有没有想过，有一天小气男会给她提鞋？

我估计小五姑娘从来没想过。

回到开头的问题，姑娘们觉得无论怎样他都不会回头，不会主动联系自己。

你为什么会有这样的想法？

因为你低位太久了。

没错，仅仅是因为你的低位。

一旦他面对另外一个姑娘，很有可能就会变成摇尾示好的哈巴狗。（在A女被B男甩，B男去追C女，C女又看不上B男的模

式中很容易看到这种态度180度大变化的哈巴狗。）

所以，我想表达的意思是：无论他是什么行为，无论他对你怎样怎样了，不一定他本性就是那样的（当然不排除小五对象就是个小气男的情况）。

也就是说，他之所以这样那样，对你不好，对你大呼小叫，都是因为你自己。

所谓"一个巴掌拍不响"。

聪明人容易联想到，你之所以处于他的操纵之下，不是因为他多么坏（事实上是有一些次品人，但总体来看还是好人多），而是你天生就易于为人所操纵。

有时候你会发现他对身边的人，朋友同学都是蛮好的，和和气气的，但为什么有时候就对你不好，爱对你乱发脾气呢？

这里涉及一个操纵与反操纵的问题。

所谓人都有"欺软怕硬"的本性，即"弹簧本性"，你软他就硬，你硬他就软。

你如果是一个易于被他人所操纵的人，他只要拿捏到你的软处，捏住你"害怕他离开你"的弱点，你就会在交往中一点一点逐渐丧失自己的领地，逐渐变为一个没有底线，不会对他说"不"，不敢拒绝他的要求，害怕他生气的可怜娃儿。

你是不是有这样的行为？

他一生气，你就开始害怕，害怕他说那些狠话，害怕他离开你？于是你总是小心翼翼地对他，拼命迁就他，试图让他高兴，试图让他满意。

说到你痛处了吗？

你是不是，有时候感觉自己很委屈，很委屈？

是不是，有时候感觉心里特别难受？

我为什么会知道这些？

因为我也曾经这样委屈过，也曾经这样难受过。甚至我受的委屈比你们多得多。（往事我就不举例了，无比凄凉哪。）

那么这样的低位，这样的委屈，这样的凄惨，你想一辈子过这样的生活吗？

这也是我不支持"挽回"这个行为的重要原因。

说了这么多，有的人可能真的开始害怕了。

可是，我前面说了，大部分人还是好的，那为什么会弄成这个局面？

这是由人的本性所决定的。

真要上升到一个高度的话，就是"适者生存"了。弱者被强者所欺负，这好像成了公理。

你没有任何理由责备强者，你只能责怪自己。是自己太弱了。

当然，我说这些也不是让你自暴自弃。对于男女问题，对

于你们，我其实是很乐观的。 就比如我，我现在要批判一个人，我说："小五啊，你就是一个笨蛋。"

但其实，这句话是不正确的。这样说才对："在2012年3月3日23时56分33秒，你小五，是一个笨蛋。"

这句话就意味你小五将来有变成聪明人的可能，有翻身的可能。

也就是说，我们看问题要带着一种发展的眼光：你现在是很弱，但是不代表你一辈子都是弱者，你有可能变成强者的，只要你想。

分手了，不要把责任都推到对方身上。

有的姑娘有这样的言语："这一切都因为我遇到一个极品男啊！""我怎么遇到这样一个腹黑男啊？"（我刚看了下豆瓣小组，各种"贱男""劈腿男"层出不穷。）

我想说，他之所以是"贱男"，也是你培养的，是你让他贱的。

所以，大家不妨换换思维，先想想自己的问题，责备他是没用的，因为你不可能去改变他，你只能改变你自己。

有的姑娘可能还是要哭诉："我有什么问题，都是他无情，都是他劈腿，我对他那么好，他却这样对我……"

好吧，我来回答你有什么问题：简单罗列一下，托付心态太重，疏于打理（打扮）自己，吸引力下降，社交圈变窄，不够独立成熟，等等。

写到这里，突然联想起前几天说过的一个新思想。那么，就以这个新思想作为本文的结尾吧。

关于"互相了解"的。

我们可以想象这样一个画面：一男孩暗恋一姑娘，有一天鼓起勇气去跟姑娘表白，姑娘拒绝了，说："我感觉我们不适合，你都不了解我。"

我笑了。

"了解"真的重要吗？

我来告诉大家真相吧。

在长期关系后期，互相了解很重要。但是，在关系初期，或者交往时间不长的情况下，"了解"根本不重要！

"你都不了解我。"根本不重要！

吸引才重要。

姑娘的"你都不了解我"的潜在含义其实是——"别傻了，孩子，你都不能吸引到我，你不是我的菜，还是早点洗洗睡吧。"

昨天，一姑娘给我打电话，提到一个问题：她曾经在对方身上用过一些钱，数额不算小。她说："能和好就和好，如果不能和好，就算钱被狗吃掉好了。"原话可能有点误差，不过意思差不多。

网络上也流行这样一句话：谁年轻的时候，没爱过几个人渣！

对于类似这样的话，元芳，你怎么看？

我们每一个人，都有一个脑袋，两只手，两条腿，从本质上讲，大家都没有什么大的区别。但是，为什么社会还是很神奇地把人分成了成功人士、中产阶级、白领、穷人等呢？

大家都是两只手，两条腿，他们为什么厉害，人与人最大的不同是什么？

我认为，在这个世界上，人与人之间最大的不同就是思想。

富人（成功人士）当然跟穷人的思想不一样。有着非凡事业的人当然跟普通大众的思想不同。

所以，如果你想成为普通大众，或者你就是普通大众，那么你的思想简简单单，平平淡淡，跟随大众，柴米油盐，有兴致起来谈谈国事、聊聊房价就可以了。

但是我相信很多人都不希望自己是一个很平凡的人，哪怕生活中平凡，思想上也不想平凡。那么，这就要有独立的自我、独立的思考，不能人云亦云，不能随大流。

什么叫独立的自我、独立的思考？

就像上面那句话：谁年轻的时候，没爱过几个人渣！这句话你可以听，也可以吸收作为自己价值观、恋爱观的一部分。不过光听而不思考的话，你就是在追随大众。那么你就是个普通人而已。

你身边的朋友，如果哪一天冒冒失失给你一句话："某某某，我感觉你还是蛮特别的。" 你心里是不是有点美滋滋的？你是不同于别人的，你是很独特的，你有独立的思想和人格。

上面那段话都是务虚的，现在回到刚才的话题，那两句话有什么问题？

话没有问题，但是态度有问题：什么叫"被狗吃掉了"？什么叫"人渣"？ 这是很阿Q、很自我安慰的说法。

这样做可以让自己感觉自己很高尚、很善良，自己是无辜的，一切都是对方不好，是对方伤害了自己，对方是人渣。这种自我安慰有一种"顾影自怜"的意味。

那事实究竟是怎样的？

事实就是，在你们的关系中，你在他面前，你是弱者，他是强者。

我在林子工作室群里说过这样一句话："你刚才的话，就好像你是一个弱者，你被强者欺负了，然后你指着对方的鼻子抽噎地哭诉道：你干吗欺负我啊，你看我这么弱，这么可怜，你还欺负我，呜呜……"

大家可以想象这个画面，很搞笑吧，更搞笑的是你就是那个哭哭啼啼的弱者。

强者会可怜弱者吗？

如果会可怜你，那他就不是强者了。

那怎么应对强者？

1. 努力提升自己，让自己变强壮，尽可能地比他强。也就是说让自己也变成强者，逆转关系的核心就是让自己变强。

2.如果感觉自己修炼一辈子都打不过他，那么，我要对你说："打不过你还躲不过吗？"

很多人被分手后，一直在纠结，各种纠缠，去挽回他，挽回不成甚至骂他，跟他斗气，甚至胡哭乱闹。

看看这样的自己，问问自己：你，不就是一个哭哭啼啼的弱者吗？

很多人分手后走不出来，就是因为他们不知道问题出在哪里。只有认清问题，才能解决问题。其中一个重要原因就是没有认清自己，没有认识到：哦，原来我在他面前，就是个弱者。

有的人是没有认识到，有的人是潜意识里不愿承认。

你是弱者，谁也不会看不起你，我们曾经也是弱者。弱并不可怕，可怕的是你不知道或者不承认自己是个弱者。

只有认清自己，才能改变自己。

因为，你不可能改变别人。

所以要想强者不欺负你，不是偷偷给强者一味药让他变成瘦猴子，而是积极锻炼自己，让他在强壮的你面前，看起来像只滑稽的瘦猴子。

生气吗？你只是在生自己的气

每一天，生活中都有好几件不顺心的事。于是，不少人就很容易"生气"了。

说好一个月就还钱的那个家伙，到现在三个月了也没有任何消息，你很生气！

早上你站在公交站台东张西望，一副焦急模样，"还有20分钟就迟到了，这该死的公交车怎么还不来？！迟到要扣半天工资，真急死我了！"面对这拥堵不堪的马路，你很生气！

和男朋友约会吃饭，他居然让你这个女生等了1个多小时，你很生气！

同事与你不和，总找机会向上司打你的小报告，说你不遵守公司规章制度，说你没有穿职业装影响公司形象。你真想破口大骂："老娘是天生丽质，只会给公司提升形象，而你才是破坏公司形象的丑八怪！"更可气的是，这个丑八怪还经常对着自己微笑，看着她的脸，你很生气！

生气是经常发生的，因为不顺心的事总是一件接着一件发生。

有没有想过，你究竟为什么生气？

你真的是在气那个不还钱的人，气那辆该死的公交车，气那个总不能令自己满意的男朋友，气那个作怪的丑八怪？

其实生活中，你所有的生气，从根本上讲，你都是在生自己的气而已。

是的，所有的生气，所有不顺心的人和事，人都是在生自己的气。

你们可能稍微想一想，觉得这个观点是对的，但又有一点怀疑。你很认真地说："我承认很多事，真的都是在生自己的气，事情变成那样是自己不好造成的。但不是所有的情况都是在生自己的气好吧，比如上次就是因为那个坏女人犯贱，主动来找我麻烦，我可从来没惹她……"

我会微笑地看着你："是的，那个女人是犯贱，但你本质上还是在生自己的气。"

疑惑了吧，听我给你慢慢道来。

首先，每个人生活在这个世界上，内心都希望事事顺心、平平安安，希望可以过得好。

我们内心有一种操控力，这种操控力希望自己能够对自己身边的事物有一个把控。简单讲，我们希望我们能够尽可能把控身边事物的发展。

比如，和男朋友约会，我内心希望能把控好约会这件事。我努力安排好一切，考虑时间安排、路程远近，考虑会不会堵车，考虑会不会找不到人。

我们希望约会这件事能在自己的把控之中。

同理，我们希望对借钱这件事有一个把控，我们希望对上班这件事有一个把控，我们希望对同事关系有一个把控。

但，约会，男朋友迟迟不来，这说明什么？

说明约会这件事已经脱离了你的把控。

男朋友迟迟不来，表面上看是男朋友的问题，但深层次来看还是你自己的问题。自己的约会安排、男朋友的习性以及约会过程中可能发生的各种情况，你没有一个很好的把控。

我知道，公交车迟迟不来真的不能怪你。以往你都是这个时间点赶到公交站台的，最晚20分钟，车也就来了。可今天车不来就是出了什么事，不能怪你。但其实，我要很客观地告诉你，你上班迟到就说明你对上班这件事的把控能力不足。

朋友借钱不还脱离了你的把控，同事关系处理不好也脱离了你的把控。

所谓把控能力不足，就是自己应对事物变化的能力不足。

事物一旦脱离我们的把控，我们内心就会产生一种无力感，进而开始生气，开始愤怒。这种内心的无力感也就是内心力量不足。

内心力量不足，会导致你经常生气，经常悔恨，经常愤怒，经常难过。而内心充满力量的人会怎么样？

这种人很自信，他相信他可以把控好身边的事物。就算有时候发生一些突发情况，他也能沉着冷静应对，只因为他内心力量强大，他有能力应对这些突发情况。

这类人常见于企业大老板。也许你平时见到的大老板总是能沉着应对公司各种事务，但有时候你也会看到大老板大发雷霆，焦虑不安。毕竟，大老板不是神，也会有一些事物完全脱离他的把控。

想起前几天咨询我的一个姑娘，她问题很严重。我多次建议她去看看心理医生，但她老是抱怨不肯去。她说她很紧张，她从来没看过心理医生，她不知道跟心理医生怎么说，她怕心理医生也看不好她。

我们暂且不管心理医生有没有效。单从她这个态度，我就可以断定她内心力量不足。她没有自信，她觉得她不能做好去看心理医生这件事。她觉得去看心理医生这件事完全脱离了她的控制。

谈到把控能力，我们最能联想到的就是电视主持人。

电视主持人，比如湖南电视台的何炅等人。他们就是有很强把控能力的人，他们必须能够控制住整个节目的局面发展，简称"控场"。节目一旦发生意外情况，比如某人说错很严重的话，或者现场有严重的冲突，主持人就要发挥其强大的控场能力，把现场气氛控制住，并引导到正常状态。

最经得起考验的莫过于春晚的节目主持人以及幕后导演制作等人。亿万人关注的春晚，可不能出一丝差错。从演员、布景、灯光、节目编排以及最重要的时间安排都有严格的控制。能让春晚这个长达四五个小时的全国性直播节目不出一点差错，这个人真是厉害之极。

那自己经常生气，经常生自己的气怎么办才好？

这就要求你积极提升自己把控各种事物以及应急反应的能力。这些能力提升后，你越来越能控制好身边事物的发展。这样身边的事物就会逐渐变得越来越"顺心"，按照自己的意愿发展，你生气的情况就会逐渐减少。

这样你内心的力量就会逐步增强，你就会越来越自信。

简单讲，自信心的增长来源于你越来越能把控好身边的事物。相反，自卑的人，就是身边的很多事自己都处理不好，不能如自己所愿。

现在，就比如，你在等公交车，过了30分钟车还没来，你又开始生气，开始抱怨了怎么办？这个时候，你要告诉自己："我并不是在生公交车的气，我只是在生自己的气。因为我不能做好（把控好）上班这件事。我一定要努力提升自己的能力，让自己以后能够处理好这类事。"

一旦你告诉自己你是在生自己的气并且以后要提升自己，你的气就会逐渐消退了。（我就是这么做的，哈哈。）

提升自己做事、处理事务的能力，这个我可帮不了你。还是那句话：任何人都帮不了你，除了你自己。

回过头来，我们来看分手这件事。分手以后很多人会恨。

我不管你们分手是什么原因，我只知道你没有处理好谈恋爱，没有处理好男女关系这件事。其实，你的内心是希望你能把控好恋爱关系的。但是你失败了。

我请问你，你应该恨谁？

你是选择继续恨他还是选择承认这个事实并努力提升自己处理男女关系的能力？

第二部分

重新建立关系的秘密

在这里，我将提供给大家走出分手阴影和挽回前任的整体操作方法。此套方法可以用来自己实践，或者用来开导分手后郁郁寡欢的朋友。

此套方法主要分两个板块：

1. 走出分手后的阴影，重新开始新的生活。

2. 与前任重新建立关系。

建立属于你的生活

1. 走出分手后的阴影，开始新的生活

走出分手后的阴影，简单地说，就是消除或减弱分手后的低落情绪。分手后，最典型的表现是难过、悲痛。那么，如何对抗分手带来的低落情绪呢？

第一步：音乐疗法。

很多人分手了，喜欢到网上听那些伤感的歌曲，什么你离开我，我舍不得你啊之类的。实际上，这类歌曲你一听就完蛋。所谓触景生情，就是一听这些伤感的情歌，我们的情绪会持续性地低落。

我给你的建议是听轻音乐。

现在就删除你手机、电脑里的一切伤感情歌，去下载一些轻音乐。但是，即便这么做，低落的情绪并不能马上消除，这需要时间，急不得。

第二步，终止投资。

大家很难想象有的人好几年都走不出分手的阴影吧。

但是，这样的人确实存在。好几年都过去了，为什么还走不出来？

因为投资。

这几年中，她还是在不断投资，不断关注对方，不断为这段已经逝去的感情投资。不断增加的投资让人越陷越深，而投资却得不到好的结果，又让人倍加痛苦。这就是很多人走不出阴影的原因。

等到哪一天你不再投入，不再为这段逝去的感情所纠结的时候，你就走出这段阴影了。

2. 唯有切断投资，才可能走出分手的阴影。

这就需要你正确地处理与对方的关系，也就是我前面提到过的"断联"。

对方已经不理你了，甚至把你拉进黑名单了，你很难过吧。

那就拉倒！

我要让你做的是：现在，立刻删除他的一切联系方式，包括电话、微信、QQ、微博等等。

这里有一点要特别提醒一下，QQ直接删除即可，不需要拉黑，拉黑反而不好，你以后一上线就会想到黑名单里还困着一个人，心情受影响，所以直接删除即可。

也许，你头脑里会清晰地记得他的手机号码，但是那又怎样？我知道删除并不能让你不想他，不去关注他。所以，你需要重新建立起新的生活。

所以，从现在开始你要开始关注自己。喜欢做什么就去做：一个人去喝喝咖啡，去散散步，去逛逛街，去游乐场，去公园，喜欢看书就找个安静的地方看，喜欢听音乐就去听，喜欢和朋友一起吃饭就去吃，喜欢和朋友一起爬山就去爬。

这才是属于你自己的生活，不被任何人所控制，这样的生活多么轻松惬意。

分手后，你不再需要天天盯着他的朋友圈和微博看，有一丝变动你都会在心里揣摩很久，他发这条有关心情的朋友圈是什么意思？他心里到底是怎么想的？这完全不再需要了。

你们之间的恋爱已经结束了，你已经不需要去关注，他是他，你是你。

一定要记住：分手后，**他是他，你是你**。

重新建立关系

重新建立关系的关键，就是逆转你们之间的高低位，改变你低位的局面——就算不能让自己变成高位，也要力争保持高低位相对平衡。

这样的恋爱关系才会长久，这才是治本之道。

要想逆转关系，首先要有一个心法：要忍，要狠。

忍是对自己，控制自己想主动联系他的一切冲动。狠也是对自己，在有一点复合苗头的时候，要狠，用冷的心态对他。

从现在起，依照上文操作，删除一切联系方式，关注自己的生活，让你的生活中没有他，也不需要他。

有个小细节必须说明，这是想要实现逆转必须要做到的，就是删除一切联系方式前，发最后一段信息给他，主要内容包含两层意思：

其一，最近的事你让对方很不愉快，很为难，你很抱歉；

其二，最后强调你还爱他。

另外，信息尽量要长一点，具体可看下面的范例。

（宝贝，）这是我给你发的最后一条信息。我知道最近发生的这些事让你很为难，让你很难受。我也知道，我们再也回不到从前了。你曾经喜欢过我，我也知道，你为我做了那么多事，我都会深深地记在心里。现在，你觉得你对我没什么感觉了，你不必自责，这是我的问题。当然现在说什么都没有用了，我只想说：不管怎么样，我还是像以前一样喜欢（爱）你，只是可能我表达得不好。不过只要你过得好，其他什么都不重要了。

具体写法个人按照自身情况而定。总之，这两层意思不可少，其他的话也别说。

发完后，立即删除他的一切联系方式。他如果回个信息或者电话，不要多说，表明自己接受分手这个事实即可。

特别提醒，你必须确定你能够做到"断联"才能发这最后一条信息。如果你感觉自己做不到，那就不要发这条信息。如果你发了但是后来又憋不住骚扰他，那么情况只会更糟。

一定要记住："最后一条信息"就是最后一条。

逆转的关键来了。

当我们开始自己的新生活以后，生活开始逐渐变好，说不定又遇到新的人了。也许在一段时间后，那个他开始断断续续地联系你。

这是好现象，我们的好好先生和好好姑娘心中已经开始窃喜。不过，这个好现象的出现，必须有几个先决条件：

第一，如今你们的高低位相差不是特别厉害。高低位悬殊的恋爱关系已经结束了。你正在享受自己重新开始的生活，新

的恋人正在等着你。

第二，坚决做到不主动联系。没有一条信息，没有一个电话，没有一条QQ留言。很多人做不到，你做不到，那么我也帮不了你。关键时刻你忍不住，前面的努力就全部白费了。

第三，你必须真正过好自己的生活。你的生活必须丰富多彩，总之就是你的生活开始过得好起来。很多人会想，就算我生活过得好了，我又不联系他，他怎么会知道呢?

但这个世界的神奇之处就在于，如果你真的过得很好，他自然会知道。相信我!

第四，时间问题。"断联"期间，他可能会骚扰一下你，都是小打小闹，不必当真。他只是某个特定的时间有点想你而已，你不能乱了方寸。

那么，什么时候才是关键时刻?

就是他开始频繁联系你，对你表示了一定热情的时候。这个时间受很多因素影响，不过依我个人经验认为3—6个月，他就会主动联系你。当然，也不排除其他情况。

第五，这套方法也有风险之处：他可能在你不理他的这个时期内找到新的恋人了，那么重新建立关系——失败。

现在，3—6个月后他开始频繁联系你了：各种信息、各种电话、各种问候、各种骚扰等。这个时候的处理方式是重中之重，处理不好之前的努力又白费了。

处理的方法来源于"吸引学"，其实大家都明白：欲擒故纵。

技巧是：他初期给你打电话的时候，你要以礼貌、友善的语气回应。不要不接电话，他说什么，你答什么。他一般会问你问题，诸如你最近过得怎么样，你简单回答即可。

注意：回答完了不要闲聊，不要多说话，不要问"哦，那你过得怎么样啊"。这个很关键，你不能多说话，你也不能引起新的话题，都让他说，你友好平和地回应他即可。

控制打电话的时间，不能长，最好不要超过10分钟。反正就是这个意思，以一个普通朋友的身份在跟他打电话，且对他这个普通朋友没什么兴趣，同时也要传达出自己生活过得很好的信息。

记住：语气礼貌、友善，很关键。

很多人心态不好，得失心太重，就巴不得他打电话来呢，兴奋得上天了，如果他感觉出来了，你就完蛋了。聪明人可能会用心冷脸不冷的态度回应他。冷字诀在重新开始联系的初期很重要，到了后期，你就要逐渐降低这种冷度，不然他会觉得真的没机会了，又被吓跑了。

很多人在这段等待时期心里总在想着能复合，这个心态要不得。你的心态应该是这样：能复合就复合，如果不能复合，那我继续我的新生活。

总之，核心就是重新建立自己的生活，重新建立自我的价值，重新建立吸引的过程。

写了这么一大堆，很多人看得眼都要花了。但是我只是告诉你重新建立恋爱关系的整体框架，具体怎么做，还得看个人的造化。

最后说一句：我为什么愿意帮助分手的人？

因为我也分手过。

"断联"有效的原理是什么？

"断联"是很有效且很必要的，尽管很多人做不到。

"断联"为什么有效，很多人可能心里有点感觉，但是又说不太清楚。我今天就来谈谈，为什么要"断联"。"断联"的三大效果：制造不可得性、洗印象、平衡好感浓度与冲突浓度。

制造不可得性

有一对小情侣，男的把女的甩了，然后女的苦苦哀求对方，时不时地骚扰对方。男的有时候嫌她烦不理她，有时候又念及旧情看她可怜来关心关心她，这个时候女方其实很痛苦，似乎看到机会，但好像又没有机会。

然后女方找到我，问我怎么办。

我说，你发这样一条信息给他：

昨晚我想了很久，我发现也许真的，我们再也不能回到从前了，你已经不爱我了。我想这样继续下去对我们两个人都不好，所以我决定接受事实，接受你的分手。我会过好自己的生活，不再打扰你，最后也希望你过得好，因为我还爱你。

然后就彻底"断联"。

往往是你这样一做以后，他就开始头疼了，尽管你可能看不到他的头疼。对照这个案例，我来给大家分析"断联"有效的原理。

这个原理叫作：**制造不可得性**。

简单地说，一开始他甩了你，然后你各种巴着他。

这个时候，在他的心里，他是知道的：你喜欢他，一直喜欢，离不开他。他潜意识里有这样的感觉：嗯，这个姑娘是属于我的。

但是，现在你给他发了最后一条信息，说自己接受分手，准备好好地过自己的生活的时候，他心里会有什么感觉：

"啥？她要独自生活，不会吧，她不是离不开我吗，现在居然真的想要跟我断绝联系了？以前有这样一个姑娘围着我转，现在她居然要独自生活，不围着我转了，唉，那我该多么落寞……少了一个对我这样好的姑娘了……"

一开始男方潜意识里以为姑娘是完全属于自己的，离不开自己，但这个姑娘突然消失了，不再属于他了，他就开始失落了，极度的失落。

对于有些人，本来身边就有很多异性围着他转，所以这种失落感会比较小，但是对于普通人，这种失落感还是很大的。

这就叫：制造不可得性。

意思就是说，对于他来说，你，不再是可以轻易得到的了。

人性本贱，就像你突然失明了，才会突然发现：原来有眼睛看东西是多么美好的事。但是在失明前，有多少人真正意识到眼睛的重要性？

你还在苦苦哀求他——你去对他好，关心他，试图织围巾感动他，有用吗？

有用，但是只是暂时的有用。长远来说，反而关系越来越糟。

很多人说，我这辈子就铆定他了，我要使出母金刚的力气把他挽回。其实，有时候，你真的想发奋去挽回他，我也是同意的。只要你想，真的想，非常想，想得睡不着，想去复合，我是支持你的。

对于一个肯努力向自己的目标去奋斗的人，我是欣赏的。

但是努力要有方向，你往错误的方向用力，再大的力，你都是在撞墙。

比如说，挽回，本身就是错误的。因为挽回是"追"的思想。"追"的思想就导致了"高低位比"，还是以前那样，你还是那个苦逼的低位。

就算对方因一时可怜你、一时想念你同意复合，但也许几个月，你们很可能会再次分手。

为什么？

因为你是低位。

所以我一直强调要"逆转"。

让他来追你。

你自己甚至都不可能想象到他来追你，由此可见，"逆转"是很难的。但是你说了，愿意去努力，就为这个人，所以"逆转"这条路，你可以憋着劲去做，只要你想，就能够做到。

那么，要逆转，你就要制造不可得性，让他感觉没那么容易可以得到你。然后在"断联"时期内，他如果忍不住，就会小小地骚扰你。

当然，你要开始过好自己的生活，努力让自己的生活变得精彩。生活很精彩，有自己生活的人，就是高价值的人。

既然你有力气去挽回他，那怎么没有力气去改善自己的生活呢？

你过得好了，他想知道就会知道，然后忍不住就会来骚扰你。一开始是小小的骚扰，发个小信息，打个小电话，问你过得怎么样，你淡然处之。接下来，他就可能频繁骚扰你，甚至对你表露心迹，抛出橄榄枝。这个时候你就可以逐渐降低冷度，提高热度。

逆转需要时间，3—6个月左右。有的"笨蛋"因为对方一个月之内联系自己，她就屁颠屁颠地跑过去，献出自己全部的热情。这样，你只会把他吓跑。

另外，做任何事都有风险，逆转也不例外。也许你会彻底失去他，或者他很硬，就不理你，或者他在"断联"时期内找到新欢了。

做任何事都有风险，有风险才会有回报。

洗印象

"洗印象"的内容与吸引学无关，不过同样可以解释男女关系。

有人跟我说，她认识到她身上的一大堆问题：任性，爱发脾气，在朋友面前不给他面子啥的。她想改掉这些，然后告诉对方：我改变了，我按照你的要求改变了，你回来吧。

这个思路我不好说多么错误，关键是她想边改变边跟对方保持不咸不淡的联系。她不想"断联"，她害怕没有他的生活，她害怕一"断联"就永远失去他了。

也有人跟我说，她去找对方，她说以前的坏脾气她都会改，"让我们重新开始好吗？"

我笑了。

什么叫"重新开始"？

什么叫"重新"？

现在你们搞成这个局面，然后你们两个人一瞬间都抽风了，一下子忘记以前所有的不愉快，一下子要"重新开始"？

怎么可能！

在我的印象中，"重新开始"是崭新的，新鲜的，鸟语花香的。

下面我们来谈"洗印象"。

你，现在，在你男朋友的潜意识里，是有一个印象的。尽管你不在他身旁，他也看不到你，但是他依然对你是有一个印象的。

在他的印象里，你是温柔的、可爱的、小鸟依人的、聪明的小丫头，但是有时候又爱胡闹。

要想重新开始，要想逆转，就必须"洗印象"。洗去过去没有魅力、没有自我、太黏人、太烦人的坏印象，建立好印象。

但是"洗印象"跟"断联"有什么关系呢？

我举一个很形象的例子帮助大家理解。

假设，你是一个22岁的姑娘。昨天你认识了一个朋友，刚认识的，陌生人，也是姑娘。

出于某种神奇的原因，你们成了邻居，并且成了好朋友，每天在一起玩，逛街、跳舞、吃饭啥的。

下面分两种情况：

第一种情况，你们一起生活了5年，5年几乎也没怎么分开过，大家和和睦睦地相处。

第二种情况，你们一起生活了1年，然后第2年对方出国了，之后一直都没有见面。4年后，你在逛便利店买咖啡的时候，一抬眼，居然看到了她，她回来了。

4年后，你又见到她了。

突然，你仔细看，你发现，哎，她变了，脸变胖了一点，声音变温柔多了，她以前没有耳朵孔，现在也有了大耳环。

你感叹了一句："你这些年变化真大！"

重点来了，想一想第一种情况下，你会在5年后的一天早晨醒来兴冲冲地跑到邻居家里，把睡眼蒙眬的她摇醒，然后在她揉眼睛的时候一脸认真地对她说"你这些年变化真大"吗？

我估计她会说："你大清早的发什么神经啊，快让我睡觉！"

明白了吧，你想断断续续地跟他保持联系，那么就算你真的改变了，他也会因为心理原因觉察不到的。

只有"断联"，换上崭新的形象，华丽丽地出现他面前，他才会在心里暗惊：半年或者一年不见，她现在好像过得不错啊，变得很不一样了。

这就是"洗印象"。

好感浓度与冲突浓度之间的平衡

一段恋爱关系必然伴随着好感浓度和冲突浓度这两样东西。这两样东西会随着关系的发展以及时间的推移而发生变化，从而影响关系的走向。

虽然在前文中我已经粗略地解释过这两个概念，但是不妨在这里再解释一遍。这两个概念还是蛮重要的，大家需要好好理解下。

什么叫"好感浓度"呢？

就是你们在一起，他喜欢你，他爱你，你们的感情深厚，都可以定义为好感浓度很高。

这里的好感不是片面地指初次见面对对方的印象。

这个好感浓度指的是我们对一个人的态度。好感浓度越高，他就越喜欢你，越爱你，也越离不开你。好感浓度越低，他就开始不喜欢你，也就是常说的"对你渐渐没什么感觉了"。

再来讲一讲冲突浓度。

地球上两个人，突然要在一起了，以前都是独自一个人，有自己的生活，有自己的性格，有自己的价值观，有自己的人生观，有自己的世界观，当然也有自己的棱角。

每个人都是带有千奇百怪棱角的怪石头。突然有一天，两个怪石头要在一起了。他们的关系逐渐变亲密，他们在向彼此靠近。但是，满身的棱角硌得他们难受。因为习惯不同，人生经历不同，价值观、人生观、世界观种种不同。

随着他们的逐步贴近，关系更加亲密，棱角成了最大的阻碍。这种阻碍就会产生冲突。怪石头与怪石头之间的冲突，就是人与人之间的冲突。

两个概念讲完了，我们来看一段恋爱关系的发展流程。

两个年轻人相遇了，他们很激动。他们发现对方是那么地贴合自己的心意。接下来，他们继续保持接触，一起出来轧马路、逛街、看电影，各种浪漫情丝，各种鸟语花香。

随着交往的深入，他们的好感浓度也在持续升高。然后他们确认关系了。他们如甜似蜜地在一起了。

接下来是热恋期。

热恋期，好感浓度继续上升。两人都感觉自己越来越爱对方，越来越离不开对方。热恋期两人的关系发展速度是惊人的，关系加速亲密。

但热恋期很快就过去了。是的，快乐的时光总是这么快。3个月后，也许6个月后，热恋期过去了，关系进入平淡期。

　　平淡期好感浓度上升速度明显减缓，并且随着两个人之间的关系不断贴近，棱角开始显现，开始硌得人难受了。是的，这个时候，冲突浓度逐渐上升了。

　　好感浓度之前一直是远远高过冲突浓度的。所以两人相处很开心，很快乐。但是，随着好感浓度的上升减缓，冲突浓度加速上升，两个人之间就开始产生矛盾了。

　　一开始是一个月一次小矛盾。接着关系不断贴近，冲突浓度不断升高，就可能变成一个星期一次矛盾，再后来就是三天两头闹矛盾了。

　　然后关系进入震荡期。

　　震荡期，随着可能出现的各种大小矛盾，乃至发生分手情节，各种纠缠，各种哭闹，各种威胁，各种歇斯底里，各种烦就来了。

　　烦，这个东西是很可怕的。

　　烦，最终会要了你们亲密关系的命。

　　烦会使好感浓度急剧下降，冲突浓度急剧上升。

　　当有一天到了冲突浓度远远高过好感浓度的时候，你们就真的分手了。天平的一端已经被冲突浓度重重地压住了。

　　看了上面这段恋爱关系的发展流程，你有什么感觉，是不是跟你的经历很相像？回到原来的话题，为什么要"断联"，"断联"有什么效果？

　　"断联"，你就是消失了。

　　"断联"，你们就没有联系了。

没有联系会怎么样？

随着"断联"的持续，之前的冲突浓度在逐渐下降，也就是他感觉你烦的程度在下降。你们都不在一起了，还能有什么冲突呢？

因为看不到你，听不到你，感觉不到你，有时候他也会不经意间想起你来。想起你的好，想起你的顽皮，想起你的可爱，想起你的嘟嘴模样。

是的，他有时候会思念你。

这个时候，好感浓度可能就会有一点点上升。

但是很多时候，冲突浓度是很高的，甚至到了无法调和的程度。冲突浓度要降下来，降到远远比好感浓度低，是需要时间的。

就像前面说的："断联"的时间，3—6个月，视冲突浓度不同而定，但一般不会少于3个月。

重新建立关系的两个前提

很多人在恋爱中遭受挫折以后，一直陷入痛恨自己也痛恨对方的旋涡中无法自拔。恨自己的不争气，恨自己的无能，恨对方的无情，恨对方的花心，恨对方的欺骗，恨对方的劈腿。

这会令你很痛苦。你更不可能在痛恨他的状态下重新与他开始一段关系，虽然每个人都或多或少地想"复合"。

重新建立关系的两个前提：

1. 不再恨自己，不再责备自己，逐渐接受自己。

2. 不再恨对方。

恋爱关系出现问题时，你不要一味地把问题都推到他身上。你要认清楚，这是你自己的问题，是自己身上一些不好的因素导致的。

当然，我也不是说他没有问题，他是有问题的。只不过他的问题，我们是没有办法去改变的。我们只能改变自己，间接地去影响他，然后可能会导致他的一些改变。

比如说，他以前会因为你的托付心态而厌烦你，感觉很有压力，想远离你。而当你逐渐消除了托付心态，你变得独立以后，他可能就会重新认识到你还是那个好女孩，他喜欢的那个好女孩，不让他烦，不让他有压力的好女孩。

先讲一个知识：潜意识。

怎么理解潜意识？

比如说，某天早晨，你起床后脚往拖鞋里一伸。然后，你走进洗手间里，准备刷牙。你左手拿起牙膏，右手拿起牙刷。你会发现，你在做刷牙这件事的时候，你的大脑中并没有去想：我是要用左手拿牙膏，用右手拿起牙刷，然后牙膏口对着牙刷稍用力一挤，就可以刷牙了。

也就是说，刷牙这个动作不是你的意识在控制的，而是你的潜意识去替你完成的。就像你走路、爬楼梯一样，你是不需要去思考我到底是左脚先抬起还是右脚先抬起的。

这就是潜意识。

我们从小到大，从呱呱坠地长到现在这个俊俏可爱的人儿，我们的潜意识都是在帮助我们。潜意识就是你的保镖机器人，这个机器人只有唯一一个指令——对他的主人好。也就是说，你的潜意识只有唯一一个目的：希望你（本体）过得好，一切都好，和和睦睦，平平安安。

比如说，小时候，你的手指不小心放在蜡烛燃烧的火焰上，短时间内你就跳起来，你会感觉到疼，然后手指就会移开。这就是潜意识不想让你受到伤害，把你的手指救了。

又比如，你失恋了，你躲在房间里面用被子蒙着头哭泣，你远离任何人，不想跟任何人说话。这就是情绪上的保护。潜意识可以通过控制你的情绪来影响到我们意识层面，影响我们的行为，从而保护我们自己。

再次强调，潜意识的核心，就是——"我要保护我的主人免受伤害"。

尽管潜意识都是出于好心，但有时候潜意识可能会因为一些"误会"，或者"聪明度不够"，或者"能力不够"，导致潜意识帮倒忙，会让你的情况变得越来越糟。

在心理治疗领域，不少大师都强调要与我们的潜意识进行友好沟通。当然"跟潜意识沟通"听起来有点玄，不过我们可以这样来尝试。

通常的做法就是你一个人安静地躺在床上，呼吸放松（类似于自我催眠）。然后把左手放在你的左胸上，想象你左胸的那个位置就是你的潜意识。

找到这个感觉以后就开始想象这样一个画面（你会依稀记得这个画面曾经在某个电影中出现过，所以还是蛮好想象的）：

你站在一个非常空旷的大草原上，周边都是草地，清风微拂。然后，你的面前离你20米远的地方，慢慢地出现一个小孩。这个时候我们就映射，这个小孩就是你的潜意识。而且，这个小孩就是你8岁时候的样子。对，这个小孩就是你自己，8岁的自己。你8岁时多高，是1.2米吧，那这个小孩就是1.2米。8岁的你大概什么样子，小孩就是什么样子。

你们俩就站在这空旷的大草原上，你也想象不出当时天空是什么颜色，你和那个小孩只是在互相看着对方，你认识他，他也认识你，你们谁都没有说话。

就是这样一种沟通模式。

这个时候，你开始回想。你们分手了，你被别人甩了，心里会很难受，很无助。你觉得自己很窝囊，很不争气，进而开始责备自己，觉得自己这也不行，那也不行，甚至有点自暴自弃。

责备完自己后，你又想到了他，想到了他的无情冷血，他的欺骗，他的不管不顾，想到他抛弃了自己。这个时候，你又开始痛恨他。他前几天还对你甜言蜜语，搂搂抱抱，一个劲地说爱你，今天居然就跟你说分手了，说不爱你了，把你甩了。你挽留他，纠缠他，他都对你置之不理。你都很难想象，曾经一个如此爱你的人居然会对你这么狠，一点都不理解你，一点都不同情你。

不要恨自己，不要恨他。那么，为什么不要恨自己，不要恨他？

以我自己为例，我在跟可可（我以前的一个女朋友）交往的时候，我是一个很标准的幼稚男，我是一个很标准的老好人。我会被她欺负，受尽了男人所有的委屈，然后变得不像一个男人，蹲在地上抹泪哭泣。

你们会觉得当时的我很可怜吗？你们觉得那个时候，我恨可可吗？

要说恨，其实也是有的。有时候生起气来，想起她的无情、冷漠，各种伤心痛恨都积聚起来。但有时候夜里一个人躺在床上，睁着眼睛对着天花板，细细想来自己还蛮喜欢这样的一个人，她还是蛮好的一个姑娘。

你我就是在这种爱恨交加的状态里面无法自拔。

而现在，我是怎样看待那个时候的自己呢？

当我在跟别人谈论男女关系的时候，有人会猛拍自己大

腿："哎呀，我以前是多么傻啊，不懂男女关系，把我和她的关系搞得一团糟。现在听你讲男女关系，我很后悔我当时怎么会有那样的行为啊，要是当时是用另外一种正确的方法去做会怎样啊！"

而现在我要告诉你的是：你根本不需要去恨当时的自己。

想想看，你当时究竟是为什么会做出那样的行为？你为什么会做出一个幼稚男的行为？你为什么会做出一个幼稚女的行为？

因为那个时候的自己——被潜意识保护的自己，他根本就不懂男女关系。在他当时所处的环境下，在他当时对男女关系的认知上，他不明白男女关系的各种相处模式、各种理论。他做出了那个行为，做出了幼稚男的那个行为，很正常。

也就是说，在当时的知识水平下，依靠对男女恋爱关系的理解程度，潜意识还是尽了很大的努力去维持这段关系。

但是为什么潜意识想方设法维持的这段关系最终还是失败了呢？就是受限于当时潜意识的能力，潜意识对事物的认知，导致潜意识不能够把这件事做好。

很多人恋爱失败了，开始责备自己，怪自己没有好好努力，没有好好把握这段感情。你好好问问自己，当初你们恋爱的时候，你真的是没有好好努力吗？

恰恰相反，你（本体）和潜意识都是在费尽心机地想让这段感情变好，以后可以结婚什么的。你也是对对方非常好：女生给男生买皮带啊，买衣服啊，织围巾啊；冬天男生给女生暖手啊，花心思给女生过浪漫温馨的生日啊。真的是，非常努力，非常用心。

你要原谅自己。你要原谅曾经很幼稚的那个自己。

我知道，我那个时候真的是很幼稚，真的是幼稚男中的幼稚男，不能再幼稚了。自己把自己搞得一文不值，变成一个没有人要的废物。

但是，我并不恨自己，因为我知道那个时候的幼稚是有理由的。那个时候我的潜意识并没有想让我变成一个废物，潜意识是希望我好的。只不过因为潜意识还不懂男女关系，也没有能力处理好男女关系，所以才会把情况搞得一团糟。

这让我想起前段时间一个姑娘的案例。她去找她的前男友，在前男友家里待了一下午，到了晚上，前男友希望她走，但是她不肯走。最后前男友气急了，直接拨打110，警察来了把她拖走了。

但是，就算发生这样的事，就算是被警察拖走了也没关系。仅仅是因为这个姑娘的潜意识告诉她，她自己想跟这个男人在一起，她喜欢这个男人。但是，她不知道怎样让这个男人对自己好，让这个男人喜欢自己，接纳自己。

现在想来，那个时候的自己，恰恰是你最值得骄傲的时候。虽然结果很糟糕，不过你认真地付出了你自己，你努力了，你希望你们的关系变好。

我以前是很幼稚的，不过没关系，那是因为那时候的自己不懂，不会。

现在我懂了，不就行了吗？

我成长了，我现在会了，能处理好，不就行了吗？

你一方面在恨他，一方面在恨自己的时候，就产生了一个心理矛盾。

什么样的矛盾心理呢？

从我们呱呱坠地到现在，20多年，我问你，我们的潜意识帮我们做了多少事情？我们生病了，潜意识就调动免疫系统来帮助我们对抗疾病；我们身体不小心碰到某个尖锐的东西，潜意识就提醒我们远离那个东西，远离那个危险；我们走夜路听到一声异响，听到一声尖叫，我们的内心就开始害怕，也是潜意识在保护我们（远古时期人类要预防外界的很多危险，比如野兽的攻击等等，所以害怕也是保护自己远离危险的一种心理状态）。

我们的潜意识为我们服务了20多年，任劳任怨。潜意识有骂过我们吗？有怨过我们吗？潜意识一直都是在努力地帮助我们，希望我们自己好。

而现在，你还在责备自己。责备自己这也不行，那也不行。你就是一个不合作的状态。想想大草原上和你面对面的那个小孩，20米开外的那个小孩。

当你在责备自己的时候，你就是在用手指着他（小孩）的鼻子骂："你怎么这么笨呢？你怎么就不能把事情做好呢？你看看现在，事情被你搞得一团糟！"

就假设你是一个保姆，你去主人家劳动，你去洗衣叠被，买菜做饭，你把各种事情做好。这就是我们的潜意识，潜意识就是保姆，它每天替你把事情做好。

但是，每一次一回家，你总是在责骂它："哎呀，你这个地板怎么没弄干啊，你这个桌子怎么没有摆整齐啊。"尽是批评，这也不是，那也不是。

扪心自问，就算潜意识不会跟你对骂，但是潜意识还是会委屈，会失落，会伤心难过。你有没有感觉，它作为一个小孩，多年前的自己，8岁的自己，有时候有一种委屈得要哭的感觉？

是啊，他每天都做很多事情来保证主人正常的生活、旺盛的精力、良好的睡眠，获得更好的生活状态。

但是，你一遇到挫折，一遇到困难，就指责自己。其实你就在骂内在的那个自己，骂潜意识。你责备他不配合，责备他不能把事情做好。

我承认，两年前的我，自己的潜意识，他确实没有把事情做好。但是我不怪他，他尽了力了。这也是我们常说的"接纳自己"。

20米开外的那个小孩，我要向他走过去，慢慢地走过去，慢慢靠近他，就是8岁的那个自己，弯下腰来拥抱他。我要感激他这么多年来为我做了这么多事情，他为我好，事事替我着想。我没有任何理由去责骂他。我们要抱在一起。

如果我们两个人（本体和潜意识）能抱在一起，能团结一致的话，我认可小孩（潜意识）为我做的事情，就相当于我在轻拍着小孩的背，我在安慰他，我在鼓励他："感谢你这么多年为我做了这么多的事，我知道你做的这些事情，这些工作都是为我好。"就像有一天你对那个保姆说："你今天做的这个饭，蛮好吃的。"

你这样做以后，你可以想象小孩会有怎样的反应。

虽然小孩脸上可能没有任何表情，但是他心里的某个地方，肯定被触动了，会有一点点感动。它觉得自己做的这些努力都没有白费，自己做的工作都得到了主人的认可。

在这之前，你经常否定自己，否定潜意识做事的价值。而现在你认可了潜意识做事的价值，你接受了你自己。

你和潜意识抱在一起，肯定自己，接纳自己。

我承认2年前的自己是很幼稚，把事情做得一团糟，但是那又怎样呢？都过去了，我现在懂男女关系，我现在不幼稚不就行了吗？

我们和潜意识并肩携手，向着同一个方向努力，把事情做好。

而如果你经常一味地否定自己，骂自己，就是在跟潜意识唱反调。它就会不开心，它越不开心，就越不能把事情做好，不能发挥最好状态，这样你就越会责骂他。如此恶性循环，到最后，你的内心就会很累，你们就会处于冷战之中。潜意识不会跟你对骂，但是他会委屈，他会哭泣，他跟你冷战，跟你不合作。

这样一种自我分裂的模式，你认为你的生活可以过好吗？

我们可以去观察身边的人，那些开心的人，那些不开心的人。过得很开心的人，都是些很自信的人，他们很认可自己，他们觉得自己很棒，很多事情他们都做得很好。

我曾经是一个很不开心的人。小时候家庭环境很差，自我记事起到我上大学，父母就三天两头砸锅摔碗，贫贱夫妻百事哀啊。我清楚地记得初二那年，我坐在教室里，拿着刀子在手腕处比画。那个时候的自己，长得很丑，学习成绩也下降了，家里依旧很穷，同学关系也不好，反正种种不顺，极度自卑，真是人生的低谷。

因为长得丑，很穷，然后生活中种种不顺，就产生了那样一个我。我并不会责备自己，责备那个时候自卑的自己。因为那仅仅是那个时候的自己。

而现在的我呢，给你们讲课，有女朋友，有工作，而且要出书，生活很充实。我承认我是一个虚荣心很强的人，而我也做了很多事情，也逐渐证明了自己的价值，成为一个自信的我。

那个时候的自己过得不好，不过现在过得好、过得开心不就行了。

而我现在过得好，正是充分体现了我接纳自己，我跟潜意识抱在一起，为了同一个目标——使自己的生活过好，使自己开心而努力。

所以我希望大家在以后的生活中，包括感情生活，不要一味地否定自己，要尝试去接纳自己。

曾经的那个自己是很笨，没关系，以后不笨不就行了吗？曾经把男女关系搞得一团糟，没关系，当你明白男女关系以后，把恋爱关系处理好不就行了吗？

比如说你这样一个姑娘，跟这个男生处得不好，这个男生不停挑你毛病，说你这也不好，那也不好。但是你会发现，在你跟老同学聚会的时候，在这些老同学眼里，你是一个天使呀。好几个男生曾经暗恋你那么多年，他们认为当时你跟那个帅哥在一起，自己比不上，追不到你。你不是你所认为的一无是处啊。

现在我们来谈第二个方面：你也不要恨他。

其实道理是一样的。你那么爱他，你对他那么好，你抱着他大腿，他都狠狠地把你踹开。他操纵你，但也不一定是他的本性。

我始终认为，绝大多数的人还是好人。坏人是有的，是有一些人有品德上的问题，但终究还是少数。

那他为什么会那样对你？

这其实是由人性所决定的。就像你越是一味迁就他，他就会越不在乎你一样，这是人性使然，不是他想控制你，不是他故意想这样的，或者说他不是真的那么坏。

你为什么要去骂前任，痛恨前任呢？

其实我要说，包括你前任本人，他也是不懂男女关系的。他做这些行为，他只是这么做了，但他不一定知道他这么做给你带来了什么样的伤害，他也许只是不经意间这么做了。从潜意识角度来说，他也是一个小孩，没有长大的小孩，他也需要学习成长。

你可以把自己想象成一个"母亲"，你再去审视他。你有没有发现，他真的是一个小孩，很多东西，他其实也不懂，也不会处理，他也需要去学习理解男女关系。他确实是犯了很多过错，让你很受伤。不过我们依然要用刚才的方法去原谅他。

他是个比较任性的小孩，爱耍耍小脾气，爱闹闹小别扭。

当然我这个原谅他，不是让你去一味对他好，对他百依百顺，对他绝对服从。我仅仅让你去原谅他。

其实，潜意识也是在保护他。潜意识也是在尽力让他快乐。就像你一味抱着他大腿，会让他感觉到厌烦，那么他的潜意识就会让他远离你。如果你让别人感觉你很烦，那么你就是一个低价值的人，因为你不能给他人带来快乐。

我在开篇的时候讲过：人总有一种倾向，就是向高价值（有价值）的事物靠拢，而抛弃低价值（没价值）的事物。

你让他感觉你很烦，你就是低价值的人，他就会想远离你。如果你价值变高了，你是一个快乐的人，你浑身散发出快乐的气息，他就会向你靠拢。

这就是重新建立关系的核心原理。

我觉得"接受自己"这个概念非常重要，不仅是感情方面，包括工作生活方面。接受自己，跟你的潜意识抱在一起都能让你过得更好。

接受自己以后，你才是一个完整的自己，是一个外在和内心统一的自己，这样你就不会有那种纠结、折磨自己的状态。

经常有人会说，我的心好累。

你的心好累，就是你没有和潜意识合作的一种表现。你的内心一直处于冲突之中，越来越麻烦，越来越疲惫，越来越无力。

一个整天责备自己的人，这个人会快乐吗？

一个拥抱自己的人，才会快乐。

服从法则是很重要的技巧。

我在前文提到的"制造不可得性"也是一个技巧，不过其效果远远没有服从法则强大。服从法则不只可以应用在男女关系方面，只要是有人的地方，就有服从法则。

在任何人与人的关系中，总会有高位和低位。所有的高位者都会使用服从法则，只不过他们不一定意识到自己用到了这个技巧。你是低位，你就是被他的服从法则所"控制"着。这部分内容会非常有营养，有很强的可操作性，是"技术"文。

本文内容分为两部分：

1. 服从法则的概念解释。

2. 服从法则的应用。

应用部分会比较短，讲解部分会比较长。因为重在理解，而后才能谈及应用。

服从法则的概念解释

什么是服从法则？从字面理解就是服从。概念其实很简单，我举个例子：

在我们还是小屁孩的时候，妈妈叫一声："小宝贝，帮妈妈打瓶酱油去。"然后，你就屁颠屁颠接过妈妈递过来的5毛钱，拿着空瓶子去了。

在这个过程中，妈妈给你提出"打酱油"的要求，然后你按照妈妈的要求完成，那么就是说，你"服从"了妈妈。

以此类推：

1. 应用到男女关系当中

你去牵她的手，她温和地接受了，没有挣脱，就是默认"服从"了。如果她挣脱了，你就会有些不爽，或者不高兴，因为她没有"服从"。

你去向一个姑娘表白，其实你还有一个隐性的信息：我想要她接受我，跟我在一起。

如果她同意了，你会很愉快。如果她委婉地拒绝了，发你好人卡："你是一个很好的男孩，对我也很好，但是我现在不想谈恋爱，我想一个人过，不过我还是希望你能找到更好的女孩。"

这个时候你会很沮丧，因为你被拒绝了。其实更深层次的原因是，她没有"服从"你。

2. 应用到我身上

比如我今天晚上无聊了，我想约一个姑娘出来散散步，检查马路路面是否平整。

我打给她，她说"今天有点累了，不想出去""外面冷，晚上不想出去"之类的。在没有外因的情况下，她不愿意出来，我就会有点小失落。因为我被拒绝了，这个姑娘没有"服从"我。

所以，为了避免这个痛苦，我会选择给10个姑娘群发短信，约出来玩。你不出来，自有别的姑娘愿意出来。

这也是降低需求感的重要方式，而需求感太强恰恰是大忌。

3. 应用到你们的关系中

你去求复合，他不睬你，不愿意见你，不愿意给你答复，就是没有"服从"你。

其实作为低位的你，却是一直在"服从"他的。他一有什么要求，你就会立即，尽自己最大力气去满足他。你对他好，希望他开心，即所谓的"迁就"他。你"迁就"他，就是在"服从"他。

他跟你分手以后，有时候有些孤单了，想起了你，然后就骚扰你。你很兴奋，仿佛得到了大赦，屁屁颠颠地跑过去，对他热情，对他好。他开始嫌你烦的时候，又会对你说，"最近有点烦，有点累，想一个人静一静，我们先分开吧"，然后把你一脚踢开。你对于他来说，呼之即来，挥之即去。

这样就是，你"服从"了他。当"服从"逐渐增多，变成高度"服从"他，你就逐渐开始变成低位。

如果他的要求你不能立即满足，他就会很生气，甚至发怒，继而对你冷脸。这个时候，你就怕了，你怕失去他。

你的神经其实很脆弱，因为他一会儿对你好，一会儿对你不好，你都快精神崩溃了。

4.应用到生活当中

比如公司办公室中，大学宿舍里。

你准备出去吃饭，却不知从哪儿冒出一个声音："帮我带个饭吧。"

不想带，嫌麻烦，怎么办？

怎样说"不"？

"不"会得罪人，因为你没有"服从"他，他会有些不愉快。

答应他，去做自己不愿意做的事情，又不爽。

怎么办？

别人总是让你去做一些你不喜欢的事情，你其实并不想，但是迫于某种压力，你还是答应了。

说得灰色一点，生活中到处存在"操纵"关系。不过普通的"操纵"关系没有大碍，但是很严重的"操纵"关系会对当事人的身心造成很大压力，当事人生活会受到很大影响。

比如，高低位比很严重的恋爱关系，我可以很不客气地告诉你：如果你是低位的话，你就是被对方操纵着。

"操纵"和"服从"有关。

服从法则的应用

高低位的变换，根本上是个人价值、个人魅力的变化，从而导致了服从关系也发生变化。

前文说过，你有没有想过，他来追你，来讨好你，对你服服帖帖，对你百依百顺，求你不要离开他？

"对你服服帖帖，对你百依百顺"就是他"服从"你。

其实吸引力也跟"服从"有关。如果你对对方特别"服从""百依百顺"的话，那么你这个人是没有吸引力的。

在这里我强调一个东西，叫"框架"。"框架"这个东西其实非常难理解，我花了半年时间才逐渐想透。我在这边简单描述一下：

你要有"框架"，就是说你要有你的原则，做人做事的原则。

他让你做什么事情，可以，但是我不是什么事情都会去给你做的。我有我的原则，我不想去做的事情，我可以不去做。我不会为了你，怕你生气，怕失去你，而忽略自己内心的感受。（当然，大家不要理解极端，大部分时候是存在商量的情况的，我这样说只是想让你们心中有"框架"这个概念。）

男女关系，有时候就是博弈的过程。那么男女关系，到底博弈的是什么？"框架"。

男女关系之间的博弈，就是在斗"框架"，其实，也就是在斗"服从性"。

我要这样，你要那样，最终就是看我们两个人谁更强，谁更硬，谁先软下来，答应对方的要求。吵架了，冷战，就是斗"框架"最直观的表现。

谁先去找谁？

不要认为男人应该大度，先去哄女朋友。如果你受这个思想影响，你有可能会……呃，什么事也没有，但更可能会在关系中失去主导地位。

其实不仅是男女关系，男人与男人之间，女人与女人之间，领导与领导之间，同事与同事之间，都是在斗"框架"，斗"服从性"。

最终会是"框架"强的那个人吸收"框架"弱的那个人。

回到服从法则上来。

很多人在分手后，会在想他到底还爱不爱我，对我还有没有感情？用一个很简单的方法就可以得到答案，就是"服从性测试"。

服从性测试：让他帮自己去做一些事，观察他的服从程度。

若大部分服从性测试他都愉快地答应了，那么就是"服从度"较高。若他直接拒绝你的很多要求，那么就是"服从度"很低。

服从性测试不仅仅是指大事情，其实小事情也算。比如让他去火车站接你，让他帮你抢春运的火车票，都算是中等型的服从性测试。

我约姑娘出去玩，也属于中等型的服从性测试。

其实一些小型服从性测试更有效，更容易操作。比如你跟他在一起，让他把水杯递过来，帮你系鞋带，帮你梳下头发，帮你买瓶水，帮你穿下外套，都算是服从性测试。

他还爱不爱你，还喜欢不喜欢你，服从性测试一测就知道。如果总体"服从度"降低，就是不喜欢了。

事实上，在你们以前的交往中，他就是这样给你做了各种大大小小的服从性测试，然后你全部通过他的测试，变成了完全"服从"他，继而变成低位。

其实认真想来，我们说一个人比较"冷"的意思，也是跟服从性有关的。

她对你的各种热情示好的行为都很冷淡，大大小小的服从性测试对她全部失败，我们就会说这个人很"冷"。说得形象点儿，一大堆男生在一起讨论公司里有一个"冷美人"的时候，就是说这些男生给这个"冷美人"的测试全部失败了，"冷美人"没有回应他们。

我们通常称没有回应叫"没有服从"。

比如一个案例：

幼稚男：嘿，美女，我们一起去逛街吧。

美女：我今天有点不舒服，要不下次吧。

这个就叫"没有服从"。

但如果案例是这样：

幼稚男：嘿，美女，我们一起去逛街吧。

美女：滚，我才不要跟你这种幼稚男一起出去呢。

这个就叫"负服从"。

也就是说，服从不服从也是有个程度在里面的。笑盈盈地去给你带饭，和黑着脸去给你带饭，服从程度是不同的。

再回到重新建立关系上来。

在男女交往上，一定要对服从法则有意识。尽管我知道他让你做一些事情没有恶意，不过如果程度严重了，你就会痛苦，因为被别人"操纵"的感觉很不好受，很痛苦，我深有体会。

如果你向往高位，想让对方更爱自己，离不开自己的话，就一定要培养对方的"服从性"。哪怕不能让对方多么"服从"于你，那么即使大家平衡的话，也算是健康的，关系可以长期发展。

最后总结一下，注意"服从法则"，头脑中要有"服从法则"的意识。没事的时候让TA做一些事情，哪怕递个水杯，哪怕系个鞋带。让他对你也有一定"服从性"，因为你本身对他是有"服从性"的，从而建立"服从关系"的平衡。

当然，本文讲的"服从法则"其实属于外功，外功必须依托于内功才能发挥其强大的效果。内功越浑厚，外功越有威力。

那内功是什么？

内功就是指一个人的价值。价值越大，这个人就越有吸引力。你这个人很有价值，很有魅力，那么他对你"服从度"就会很高。

举个简单例子，个人崇拜时代，没有人的价值比那些英雄高吧，民众对他的"服从性"当然很高。他们登高一站，一呼万应，无人能及。

相反，如果不根据自身价值情况盲目使用服从性测试，反而会弄巧成拙。

重新建立关系法则之二：降低需求感

有一句话分享给大家：无论什么时候，在什么情况下，当你在为一个异性所纠结的时候，只说明一个问题——你认识的异性还不够多。

我希望大家能记住这句话，这句话比"宁愿相信世界上有鬼，也不能相信男人那张破嘴"更有用，这句话亦是解除一切男女情感纠结的良方。

这句话实际上说的就是需求感。

判断高低位的方法很简单，即谁比谁更需要对方。

那么，谁更需要谁就引申出一个概念：需求感。

需求感很容易理解，就是需要一个事物（人）的程度。

打个比方，一般幼稚男、宅男身边也就一两个美女，当然对这一两个美女比较上心，比较在乎，成天琢磨怎样约她们出来吃饭，约她们出来玩。如果她们不肯出来男士们就会小郁闷、小受挫，说明宅男们对她们有很强的需求感。

那么，我们设想一下，如果这些幼稚男、宅男身边有10个美女、甚至20个美女，那么他还会对其中某一个美女特别上心，特别在乎吗？

我约你出来玩，你推托了，我不会沮丧，也不会埋怨你。没关系，我可以继续约下一个姑娘。下一个姑娘再次拒绝了我，没关系，我再继续下一个。反正我认识好几个美女呢，总有一个会愿意。

那么，需求感对于分手的人有什么意义呢？

分手后，大家对前任念念不忘，茶饭不思，想各种办法接近他，看他的微博、他的朋友圈，想知道他的消息，幻想他能回头。

我现在变一个魔术，在你身边一下子变出10个帅哥。我没有劝大家立即开始另一段感情的意思，所以这边先假设这10个帅哥就是以普通朋友的心态跟你交往的，你也是以普通朋友的心态跟他们交往的。

你可以继续难过，不过你还可以跟这些朋友一起出去玩，出去散散心，游山玩水。你会发现你原来也不是对他那么痴迷，他是很好，不过有的人也不错。

这样你会好很多。

我说过你要重建你的生活，让自己的生活变精彩，扩大社交圈等。其实，还是在说投资。分散投资，就是我们经常讲的"分散注意力"。

对，需求感跟恋爱投资学是孪生兄弟。

104

上面的例子，你身边有一两个美女，跟你身边有10个美女有什么区别？

你身边有一两个美女，你的精力和时间只能投资到这一两

个美女身上；有10个美女，你的精力和时间可以投资到这10个美女身上。

往往，投资越多，就越期望获得回报，你就会对这一两个美女有较强的需求感。你约她们出来，她们不肯出来，你就会很失落。你把精力和时间分散地投资到这10个美女身上，你就不会对其中某一个美女很在乎，她不出来就不出来，你无所谓。

所以，对于分手的人，你要逐步降低自己对前任的需求感，不管是你想走出阴影还是想要复合。

一句话形容：我不再如此地需要你，我有我的生活。

你不想如此地痛苦下去，甚至你想他回头，但是你对他如此强烈的需求感将很难使你成功。

人性本贱，有时候你越需要他，他就越不需要你。

走出阴影或者复合，降低需求感是第一步。

那么，如何降低需求感？

还是那个老话题：投资。

你如果在2012年1月30日12点50分12秒想他，那么在这一秒里，你就是对他投资，投资了这一秒的时间和精力。虽然这点投资很少，但是容易积少成多。

事实上，很多姑娘成天满脑子都在想他，那投资的量就可想而知了。如果你连续好几个月都是这种状态，连续不断地对他投资，而经过这样的折腾、纠缠，结果并不一定是他回来，甚至可能是他对你的态度变得越来越差，觉得你越来越烦，不想见到你。那么，你的这项投资就没有回报，这会让你极度痛苦。

所以，不要去恨他，并不是他让你这么痛苦，而是你的需求感、你的投资让你这么痛苦。所以分手后要切断投资，或者逐步减少投资。

"断联"是断绝联系，没有联系方式，没有一个电话、一条信息。我不知道他的消息，也不想知道，这才是真正意思上的"断联"，才能做到真正意义上的切断投资。

由此看来，其实很多人的"断联"都是假断联。很多人跟我讲：我已经一个月没有联系他了。哈哈，她所理解的"断联"其实就是不去联系他。

真是可笑，你们还有很多其他的联系方式，还经常偷偷跑去朋友圈看他的消息，看他签名是什么意思，这算是哪门子的"断联"？

"断联"后，不管是丰富自己的生活，扩大自己的社交圈，还是重新开始一段恋爱，还是学《失恋33天》中大老王劝黄小仙去报个乐器辅导班（忘记是钢琴还是大提琴了），都是切断投资、降低需求感的方式。

别忘记那句话：It's building your life.

在此之前，我反复强调"扩大社交圈"的重要性，我估计很多人再次看到这句话的时候怕是都要吐了，就像她们问的那样：

"扩大社交圈真的重要吗？"

"我要复合，你跟我讲什么扩大社交圈，不是牛头不对马嘴吗？"

"你就跟我讲如何复合，别扯那些乱七八糟的！"

事实上，你反复强调的"复合"，其本质还是你想挽回。如果你想要挽回他，那么随便一个普通人都能给你说出关于挽回的一大堆方法、一大堆道理来。

问题是，你甘愿一直居于低位吗？

我们强调重新建立关系，就是一个有生活追求的人不会甘愿一直居于低位的，其核心就是提升自我价值。而把注意力专注在挽回上面的方法，永远是低层次的方法。

记住：吸引力才是关键。

而提升社交能力，往往是提升吸引力的最有效、最便捷的途径。这就是我反复强调"扩大社交圈"的原因。

在这里，我要先从狭隘的男女关系层面说明扩大社交圈的重要意义，然后再推广到个人生活、个人成长层面。

这里有一个概念，叫作"预选"。

预选：女人看见你已经获得其他女人认同，就会被触动吸引力开关。

对于预选，人们通常的理解是，如果一个男人已经被其他女人预选，其他女人会认为他比较迷人，对着目标展示其他女人，通常能造成目标的嫉妒，有助于你进行诱惑。

如果你认识很多人，无论同性朋友还是异性朋友都很多，大家都很熟悉你，对你很亲切友好，你能跟大家打成一片，跟每一个人都很谈得来，在别人眼中，你就是一个高价值的人。

我们羡慕这样跟每个人都打成一片的人，这样的人也是非常具有吸引力的。另外，当对方感觉已经吃定你的时候，开始不再对你好，不再在乎你的时候，怎么办？

还记得前文提到的"制造不可得性"吗？

不经意间让他看到你和其他异性出去游玩的照片，很开心的样子，这就是制造"嫉妒情结"。让他感觉，你不是那么轻易能够得到的。

我不是主张你们拈花惹草，或者水性杨花什么的，我所指的异性只是普通朋友。这个普通朋友不是你心理上的借口，这个普通朋友就是实际上的朋友。

你可以和很多人成为朋友。不是吗？

难道，你的生活就他一个异性吗？你没有异性朋友吗？如果你的生活就他一个男人的话，那么你也离分手不远了。

相对而言，选择越多的人，价值越高；选择越少的人，价值越低。

如果有1个女孩喜欢你，而有5个男孩喜欢她，那么就你们之间的男女的交际价值而言，她的价值就高于你，因为她的选择比你多。

如果你的生活中只有他一个人，那么你就是一个选择很少的人。选择很少就是低价值，而低价值的人，除非是那种个体很强大的情况，往往最终的恋爱走向，大都比较悲观。

所以，在男女关系中，为了增加自身博弈胜利的筹码，多交朋友，扩大社交圈是极有必要的。这并不是一种巧合，很多关系博弈的失败者，往往社交圈都是很差的。

扩大社交圈，不仅对你在处理男女关系上有帮助，对你的个人生活、个人成长层面的影响都是巨大的。

一个生活精彩，有各种兴趣爱好，爱旅游、爱摄影、爱聚会、爱唱歌、爱爬山、爱交友、爱开心、爱欢乐的人，往往就是一个高价值的人。

如果你在朋友圈上说，"我好无聊啊"，不好意思，这个言论对你的个人价值不利。虽然这看起来可能无伤大雅，但是很多时候，这类言论会让别人在心里把你这个人打上"低价值"的标签。

没错，一个无聊的人就是低价值的，因为你没有丰富精彩的生活。

还记得吗？去别人空间的时候，看到别人的生活照，看到他到这边玩，爬了山，到那边玩，钓了鱼，有很多朋友，一起聚会一起吹蜡烛的瞬间。你会很羡慕这个人吧，羡慕他丰富多彩的生活。

其实这一切你也可以拥有，只要你想。而要想拥有丰富多彩的生活，毫无疑问，你就必须拥有足够良好的社交圈。试想一下，你都没几个朋友的话，又何来丰富精彩的生活？

其实，拥有精彩的生活会让你自己很开心，和很多人一起玩，难道不开心吗？然后你就会获得满足感，对自己满意。

在这样的良性循环中，你的社交圈建立起来了，同时你的生活也建立起来了，更重要的是，你的自信心也逐渐建立起来了。最终，你对生活的信心又重新建立起来了。

分手以后，重建新的生活，不正是最重要的吗？

现在，我们恍然大悟，原来重建自己的生活就是扩大社交圈这么简单啊。

是的，就是这么简单：以扩大社交圈为主线，支线就是去做自己真正喜欢，自己真正享受的事情。

只有去做自己喜欢的事情，才会让自己开心，不是吗？生活，开心不是最重要的吗？

可是，实际上也不是就这么简单。扩大社交圈，这是一件很难的事，特别是对于女生。

之前有很多人问我："林子，我是女生，怎么扩大社交圈？"

我之前都是这样答复的："怎么扩大社交圈应该是你自己去思考的问题。因为我知道，只要你想扩大社交圈，你就能做到。如果一段时间以后，你还是老样子或者你还是不知道怎么扩大社交圈的话，那么只说明一个问题：你想扩大社交圈的愿望还不够强烈。"

是的，只要你想，你就会逼着自己去尝试各种办法。

　　但我知道，有些人还是不能做到，那么我就简单说一说吧。

　　扩大社交圈，首先心态要开放，有主动积极认识陌生人、结识新朋友的愿望。

　　比如，宿舍姐妹说："今天我一老乡请吃饭，大家聚一聚，姐妹们有想去的吗？"如果平时遇到这种事情你都是推托的话，那么现在你要改变，去一下又何妨。

　　如果学校或者公司组织什么群体活动的话，我知道，平时的你对这类事情从来是不闻不问的，但是现在你要抓住这样的机会。当然你也可以主动去网上或者其他途径寻找一些活动去参加，像豆瓣同城活动之类的。

　　当然，我是不指望你能做到主动上网去寻找的。我只希望你不要错过你身边的各种各样的活动，这就足够了。

　　生活一点点改变，一开始可能没什么眉目，但只要保持乐观向外的心态，情况会一天天好起来的。

　　突然有一天你就会发现，哎呀，我也可以拥有不少朋友。虽然有些朋友只算是点头之交，但是大家可以在见面时亲切地问候着，你就会很满足，很开心了。

　　总之，拥有一颗希望结识新朋友的心，是最重要的。

　　可是，有些姑娘还是会对我说："林子，我不知道我怎么了，我没兴趣去认识什么新朋友，没心思去扩大什么社交圈。我只知道，我分手了，很难过，你要帮帮我。"

　　如果你是这种情况，说明你有一个步骤没有进行：找回生活的盼头。

找回生活的盼头

写到现在，我的这套流程已经很强大了，但效果如何呢？

我想，依然会有很大一部分的人会说出下面的话：

"林子，你说的这些道理我都明白，但我就是做不到。你让我去做的那些事情我就是做不到，我对什么都提不起兴趣，我只是很难过。"

分手以后，你对什么事物都提不起兴趣。这就是因为，你对生活没有盼头，你需要的也正是找回生活的盼头！

"找回生活的盼头"，这个说出来其实大家都懂，就是找回所谓的"精神支柱"。

以前你跟他在一起，他就是你生活的全部，和他在一起就是你的"精神支柱"，和他在一起就是你"生活的盼头"。而现在他走了，尽管你哭着闹着挽留，都阻止不了。

他走了，精神支柱倒了，生活的盼头没有了。

有没有感觉自己就像一个老妇人坐在门前，等那个发誓永远都不会回来的丈夫一样。你朝着他离去的方向，眼巴巴地望着。整个画面，没有生气。

你每一天醒来，想到的都是这几年跟他在一起生活的种种画面。有时候很恨他，恨他那么狠心地抛弃自己；有时候又很爱他，感觉自己离不开他。

上班没有劲头，逛街没有劲头，吃饭没有劲头，聚会没有劲头。

你只是把自己藏在角落，试图拉开跟这个繁华世界的距离。你只想生活在那段回忆里，尽管这回忆有时让你痛不欲生。

有的人分手，3个月走出来；有的人3年都走不出来。

问问你自己，你有生活的盼头吗？

你现在生活的盼头是什么？

我自己有盼头吗？

有的，还不少——挣钱、出书、出名、升职、加工资、跟喜欢的人在一起，等等。

有的哥儿们说："我挣钱的欲望很强啊，你怎么也会这样？"

如果分手以后，你就失去了生活的盼头，那么前面我所说的一切对你的帮助也不会太大。

当然，分手以后很多人还是有盼头的——盼头就是希望能够跟他复合。

伴随着一次次的努力尝试，一次次的失败，一次次的伤心流泪，你累了吗？你伤透心了吗？

还有人是分手后很不服气："老娘居然被甩了！居然被这小子给甩了！"往往这个时候，盼头就是不服气被他甩了，想要打败他，只为争一口气。

其实，这些都不重要。

记得我前面说过的那句话吗，两个人为什么在一起，为什么要谈恋爱？

因为开心！

因为开心，所以两个人在一起；因为感觉快乐，所以两个人在一起。

回想自己的那些思想，什么复仇、不服气，是不是违反了初心！你跟他在一起，到底是寻求快乐，还是寻求折磨？

分手以后，你怎么才能真正走出来？你走不出来说明你对生活没有信心，说明你对未来的生活没有美好的期望。

举个很形象很具体的例子来说明这个问题。假设生活就像上班，你每过完一天，生活给你发工资：

第一种情况，生活给你发的工资是10000元/天，但是未来的工资却是递减的，每天比前一天少100块。

第二种情况，生活给你发的工资是1000元/天，但是未来的工资是递增的，每天比前一天多10块。

第一种情况，未来一天不如一天，你的生活就会很没有劲头。

第二种情况，未来很美好，虽然现在生活一般，但是未来可以期望，你会过得很开心，生活很有激情。

我现在就处于第二种情况，虽然现在混得不好，但是未来可以期望，所以生活很开心。问问你自己，你是第一种情况吗？你对生活没有信心吗？

所以，这里说的重新找回生活的盼头不是指要求复合之类，而是重建你的生活，重建你丰富精彩的生活。这也是我在前面反复强调的，同时也是我经常强调的那句话：不管现在怎样，以后会好的。

但其实就实际操作而言，对于一些人来说，找回生活的盼头，还是蛮难的。

重建你生活的精神支柱，就像扩大社交圈一样，说起来容易做起来难。但其实，分手是一个很好的契机，一个改变自己，获得更好生活的契机。尽管这个过程很痛苦，但如果可以让你的生活发生质的改变，变得更好，倒也划算。

我本身就是例子。

分手两年后的我，生活比以前有了质的飞跃。所以，对分手不要再抱着怨恨、沮丧、绝望的态度了。这是你宝贵的人生经历，更是你生活变好的契机，你需要把握住。

美好的生活，试问，有谁不向往呢?

如果向往，你就要相信，未来会更好。

如果你找不到模板，那就看我吧，我就是你的模板。

在你相信未来会更好之后，或者你期望未来会更好以后，你就需要重建自己的精神支柱了。这个时候，精神支柱不一定就是重新找个人恋爱，而是你的生活本身：你的兴趣爱好，你一心想得到的东西，你一心想去的地方。

总之，就像我之前反复强调的，去发现自己喜欢的事物，然后去做自己喜欢的事。做自己喜欢的事，然后你就会开心，你就会获得满足感，而不是分手后的空虚感。

那么具体怎样才能找到你自己的精神支柱呢？

这确实很难。

准确地说，这是你自己的事情，没有人比你更了解自己。所以，关于重建精神支柱这件事，没有人帮得了你，除了你自己。

分手以后，你可以消沉，你可以堕落，你可以不顾一切。

但是，不顾一切以后，还是开始新生活吧。对，一切都会平静下来的，然后就是你把握新生活契机的时候了。

116

大忌：求复合

前面讲了这么多关于重新建立关系的方法，最后我要再次强调一下：求复合必败——如果你在分手后试图挽回已经失去的恋爱关系，那么结果一定会是失败的。

我为什么敢说这句话？

因为格局思想，因为高低位。

人与人交往，朋友之间、同事之间、领导之间、上下级之间、商业活动中，都会有格局思想，都有其直观的体现。

其实，格局思想很容易理解。就是两个人之间，到底是我需要你，还是你需要我？也就是前文中提到的"谁比谁更需要对方"。

我们这里进行简化，变成：到底是我要你，还是你要我？举个简单的例子：

我们公司需要采购一部昂贵的设备，有供货商给我们报了价，然后双方坐到谈判桌上开始讨价还价。

第一种情况，我们公司急需这部设备，否则会影响到公司生产，而这种设备又比较稀少。这个时候，显然就是卖方市场，那么我们在谈判桌上就会处于下风。

第二种情况，我们只是需要这部设备，但并不是很急，而且好多公司生产这种设备，我们有的是选择。这个时候，显然就是买方市场，那么我们在谈判桌上就会处于上风。

同样的道理，在你们的恋爱关系中，到底是你更需要他，还是他更需要你？到底是你能罣过他，还是他能罣过你？

如果妥协让步的总是你，很明显，是你需要他。那你就是下风，他是上风。也就是说，你是低位，他是高位。

现在分手了，你说要求复合。

你知道求复合是什么行为吗？

求复合是一种"追"的策略。你去追他，求他不要离开你。你去求复合这个行为，就是说，你再一次向他妥协让步。这意味着他有两种选择：

接受你or不要你。

他可以在这两种选择之间自由选择，你会发现：有时候他厉声跟你说要分手，但过段时间他又来小小地撩拨你。

为什么他可以这么贱，这么不负责任？

因为他的格局比你强，因为是你主动去向他妥协，去要他的。

现在我们换一下场景，转换一下角色：

假设有一天，情况发生了逆转，变成了他需要你。然后一下子，变成了你有两种选择：接受他or不要他。而他只有一种选择，就是要你。

这个时候，你也可以像他以前对你那样：一段时间对他冷脸，让他一边玩去；一段时间又撩拨他，说想他了。你怎样做都没关系，反正你知道他会屁颠屁颠地跑过来对你好。因为是他要你。

由此可见，格局思想，如此简单，却非常重要。

有的人说，"求复合必败"也不一定吧，有的人也成功了啊，而且这样的案例也不在少数。

我笑了。我想问的是，什么是成功，什么是求复合成功？

是的，我承认也许是你做了一些行为，最终打动了他；也许是他自己在外面没捞着好，在别的姑娘面前碰了壁，后来又想到你对他的好，脸皮一厚就回来了。

我承认，你们又在一起了。可能经过分手这场风波，你们这次在一起好像更珍惜彼此了，更甜蜜了。你在睡梦中都会情不自禁地嘴角上扬。

但是，你们的关系格局并没有改变。

这就意味着，经过短暂——3个月到半年时间吧，有的甚至更短——的甜蜜时间，你们又会陷入以前的模式当中去。他又开始对你各种不好。你还是害怕他生气，害怕他发火，然后你还是拼命对他好，尽量满足他的要求，求他不要离开自己。

你现在闭上眼想象一下，这些画面都是可以想象得到的，不是天方夜谭、骇人听闻的。接着，关系陷入僵局，又将面临分手。

有了上一次的痛苦经验，你更加害怕失去他，你会把他的大腿抱得更紧。但结局，你也猜到了。

最后请问，你成功了吗？

你只是暂时成功了。最终，你还是变成一个人了。那个人还是离开了。然后，你崩溃了，你抓狂了："为什么，为什么会这样？不是说过会变好吗？怎么会变成这样！"

很简单，我来告诉你：因为高低位，你们之间的高低位格局没有改变。

分手以后你是低位，他是高位。然后你去做了求复合这个行为，你去追他，你去要他了。

求复合这个行为，只是加深了你们之间高低位的严重程度。

你变得更加迁就他，更加害怕他生气，努力去顺着他心意，让他满意。你变得小心翼翼，因为你害怕，害怕他离开你。

有时候，有没有觉得自己很累，满心的疲惫？

高低位没有改变，格局便不会改变，就算复合最终还是会分手的。

你还相信你的复合大计吗？你还想再做一个小心翼翼跟在他屁股后面转，努力讨好他的老妈子吗？

那我们应该怎么办，不能求复合我要怎么办？

120

重新建立！重新建立你们的关系，逆转你们的高低位格局，这才是彻底解决问题的良策！

是你要他，重新建立是让他来要你。

求复合是你去追他，重新建立是让他来追你。

也许不一定成功，但能让你的生活逐渐变好。

　　求复合要花费巨大的心力，重新建立同样也要花费无尽的心力。既然都要花费心力，有更好的选择为什么要执迷不悟？

　　到底是你要他，还是他要你？

　　全靠你自己了。

第三部分

我们经常遇到的问题

如何优雅地给男生送礼物？

双11来了。

不少内心善良、母爱绵长的女生在给自己囤东西的时候，会不时地想到："双11这么大的优惠力度，我是不是也要给他买点什么？我要送他个什么礼物好呢？"

当然，这里的"他"可以是新欢，也可以是旧爱。

你们可以是老夫老妻的情侣，也可以是刚刚确定关系，或者还在暧昧期的男女。

只要你心里念着这个男生，那么总会想：送他些什么好呢。

那么，到底送男生什么礼物好？

如果我今天只是回答这个问题，那么我就变成了没收广告费的导购网站了。

我们今天其实会聊更多。

送礼物本身的角色定位

回到送礼物本身这件事上来。

大家闭上眼睛，脑海里只有"送礼物"这三个字。

我们会联想到什么画面？

也许你会联想到：夜晚，在大学女生宿舍楼下，一个在寒风中只穿着薄薄皮夹克的男生，在焦急地等待自己心仪的女生下楼，好送她一颗平安果，因为今天是平安夜。

也许你会联想到：办公室里设计师正在跟产品经理在电脑上用微信聊着暧昧的话，与大家想的不一样的是，设计师是男生，产品经理是女生。男生对女生说："人家产品经理到客户那边开会，都是清一色的Macbook，你这出门还是拎着厚重的联想笔记本。要不，我送你一台Macbook吧，这样你工作也方便些。"

也许你联想到：终于这一天，男生要跟你去见父母了。你的男人正在忙着准备给你爸妈的礼物，烟酒、保健品、血压仪……

大多数情况下，一提到"送礼物"，我们更多地想到是某某男生在给某个女生送礼物。

这就对了！

那么，"送礼物"这件事，本身就是男人这个角色所常做的。

作为女人，女人的角色定位，是不应该送礼物的，或者说不应该经常送男生礼物的。

也就是说，经常给男生送礼物这件事，不符合一个女人的身份定位。

就好像，"撒娇"这个动作符合女人的身份定位，而一个男人如果经常撒娇，这个男人将会丧失男性魅力，因为"撒娇"这个动作不符合男人的身份定位。

也许你是善良的，也许你对他充满爱，但男女交往需要智慧。

这就要求你，就算你"母爱"泛滥，你也要控制住你自己，控制自己别给他买那么多东西，别经常给他送礼物。

你要告诉自己，送礼物这件事应该更多是男人做的事。

那么，作为女生，应该怎样给男生送礼物？

规则一：

少而精。

你给男生送礼物的次数应该比较少。

但是如果要送，一定要送得很精致，或者很用心。

比如，一年时间，你顶多给男生送两次礼物就了不得了。一次可能是他过生日，另一次再看情况。

那些经常给男生送礼物的女生都是什么心态？

不需要我多说，大家一下子就能想象到：你的这些行为表面上是你多么喜爱对方，多么为对方着想，但在内心深处，你自己也明白，你其实是在追他，你在讨好他。

关于送礼，大家应该有这个体会：你是一个女生，你什么都没做，你就站在那边，如果有男生来给自己送礼物，你会一下子感觉到这个男生是在讨好自己。

规则二：

不要动不动就给男生送东西，送礼物应该有个缘由。没有缘由的送礼物，就会让人感觉那是讨好。

另外，送礼物其实更应该建立在奖惩的基础上。

也就是说，礼物是一种奖励。比如这个男生最近很关心自己，还经常帮自己做功课，或者男生最近工作很忙很辛苦，都是奖励的缘由。

送礼物的"一厢情愿"

前两天，有个姑娘在微信群里说："最好给男生送那种洗护套装，这样他每次洗澡就都会想起你来了。"

女生这样的想法其实很多，送男生皮带、围巾、手表，似乎都能达到这样的效果。

我只想说，有这样想法的女生，实在是太嫩了，哈哈~

因为你们还不知道送礼物的一个真相。

这个真相是——无论你送给他什么礼物，过段时间，这个礼物就直接变成他的了，变成他的私人物品了。也许一开始他还记得这个皮带、这个手表是你送给他的，但过段时间，他已经没有了这个概念，这个东西就是他的东西了，他已经不会去想是不是谁送的了。

你给他买的洗发露、润肤露，你希望他洗澡的时候想起你来？

做梦咧！

他在卫生间抹润肤露的时候，头脑里在想些什么？

"晚上有个球赛，我得洗快点，咦，这个润肤露好滑啊！"

"哥儿们说周末有个户外活动，好像是真人CS加烧烤。真人CS需要人多才好玩，我得想想还有谁喜欢玩这个。另外，这哥儿们怎么没说这次有几个女生去呢。上次去的聚会真坑爹，一共也没几个女生，尽跟些傻老爷们说话了……"

洗澡的时候，没人在乎这些洗澡的玩意儿是谁买的。是你买的又怎样，就用着呗。

既然是送礼物，礼物送出去了，礼物就变成他的了，就跟你没什么相干了。

不要指望他会一直记得你的恩情。

也许一开始他会记得，但时间一长，你的恩情早就烟消云散了。

就好像在恋爱中也有一个常见的问题："林子，他还穿着我给他买的外套和鞋子，还系着我给他买的皮带，是不是说明他对我还是有感情的，我还是有希望的？"

做梦咧！

这个时候的"外套""鞋子""皮带"，在他的概念里，就是"他的外套""他的鞋子""他的皮带"。

在他的头脑里，他会想的是："今天外面好冷啊，我得穿着那件厚外套出门。"而不会想："今天外面好冷啊，我得穿着前女友送我的那件厚外套出门。"

物是人非啊物是人非，物还是物，时间一长，管它是谁送的呢。

我女朋友现在照样用着她前男友给她买的笔记本，但那又怎样，照用。

前男友？早过去了！

所以，想借送礼物这件事来让男生经常想起自己，这只能是姑娘们的一厢情愿。

男人是男人，女人是女人。不管你做了什么，你似乎都很难让一个男人经常想你，时时刻刻想你。

因为经常想你，时时刻刻想你这个行为并不符合一个男人的身份定位，这个行为是女人经常做的，不是吗？

男人一般是"突然想起你来""偶然想起你来""两天不见，突然很想你"，但绝不会是"时时刻刻都很想你"。（热恋期有特殊情况的除外，有些男人的"时时刻刻都很想你"更多的是甜言蜜语，而并不是他真的时时刻刻在想你。）

与此同时，男女思维方式还有着更多的差异。

比如，有的女生会期待男生记得两人相识纪念日100天、200天这种，还期待男生在这样的纪念日送点什么东西给自己。

哎哟，要了命了。

男人如果能记得你的生日就已经很了不得了，鬼才记得那些什么100天、200天纪念日。

男人是跟女人不一样的。

不信你去问，有多少男生记得那些乱七八糟的纪念日？！

不信你再去问，又有多少男生记得自己女朋友的生日？！

从某种意义讲，记得那些乱七八糟纪念日的男生，身上也会更多地缺乏那种男性气息、男性魅力。

大家看我这么一说，是不是感觉送礼物好像也没什么必要了？

既然都会忘记，那还送了干吗？

其实，礼物还是要送的。

恋爱是一个过程，礼物可是恋爱的催化剂呀！

况且男生不也给你送礼物了嘛，咱得讲究礼尚往来。

而我说的这些，只是告诉大家，礼物送出去了就送出去了，不要有那么多期待，不要有那么多一厢情愿。

送男生的礼物一定要精致而用心

回到最初的问题，到底应该送什么呢？

可能有的姑娘知道送男生的礼物要实用，就会觉得送男生衣服最安全，也最实用。

你看，冬天天冷了，送衣服多好，暖身又暖心的。

其实，我认为送衣服也可以，但还不够。

回到"礼物"这两个字本身，礼物给人的感觉更多是精致的、出人意料的好东西。

衣服的缺点就在于，太普通了。

就算你不给男生买衣服，他自己也会买。只不过你买的衣服可能好点、贵点而已。

所以，衣服往往算不上礼物。

对于男生来说，如果有一样东西不错，他也需要，但如果你不给他买，他自己是不会买的，那这样东西就适合当礼物。

PS：这里说的"他自己是不会买的"是指，要么太贵他自己舍不得买，要么他还不知道这个东西的妙用。

比如，我以前提到，可以送男生电动牙刷。

男生一般很懒，早上起床很急的话，刷牙洗脸就会很快。作为男生都知道，如果刷牙很急，手握着牙刷就会很用力。很用力往往会把牙龈刷出血，时间长了，牙齿本身磨损也很严重，整个牙齿容易磨薄了。（好吧，我自己就是……）

所以，有个电动牙刷，就很好了。

刷牙的时候，自己手不要怎么动，然后牙刷自动在嘴里面转啊转，刷啊刷，很轻松很自在。

电动牙刷，京东一般几百块就行，也不贵。

刚才说的电动牙刷，讲的是男生不知道的情况，那么，还有男生自己舍不得买的情况。

比如，有的男生是做IT工作的，或者经常打游戏。有的男生可能希望弄个cherry机械键盘。但机械键盘要八九百块，自己往往舍不得，那么女生就可以作为礼物送给他。

这里有个注意点，机械键盘的型号很多，你一定要了解到他具体喜欢哪一款才能买，不然很可能买到他不喜欢的。这一点跟买手表是一样的，手表款式太多，你如果随便买一个，很可能送给他后，就被他一直放抽屉了。

还有的男生可能对摄影感兴趣，那你也可以买个入门级的单反送给他。这个金额就比较大了，佳能入门得四五千块。（不过摄影是个大坑，如果你不想以后还得买三脚架，各种贵死人的镜头，你最好别走这条路。）

一些你亲手做的东西也不错哦，亲手织的围巾，亲手做的小工艺品。

又或者给对方画的素描，给他拍的酷酷的照片，处理好打印出来，买上好的相框裱好送给他。

DIY纪念相册这个东西说不好，有的男生有感觉，有的男生没感觉。

不过，如果你把自己美美的照片做成一套相册，都是自己在各个地方拍的照片，并且做过精细后期处理的，男生应该是蛮喜欢的。

还有无印良品的墙壁式音乐播放器，设计很美、很有格调的也行。

送男生钱包？

太老套了，送耐克的鞋还可以。

炫酷好玩的东西也行，比如小米刚出的平衡车？

各种小饰品，檀木手珠、挂坠也是不错。

有的女生会送男生土豪金，还有女生会送男生Macbook。

其实从腹黑角度讲，这样做不适合。

如果你的男人拿着你送的Macbook出去装13，泡别的妹子，请问你做何感想？

哈哈。

送香水？

香水是干吗的？！

永远警惕男人拿着你送的东西出去泡妞！

最后，还有哪些合适的礼物？

好吧，我一个人可想不到多少。

你可以去知乎搜索"送男生什么礼物"，看看大家集思广益的答案，自己再筛选筛选可好？送礼物，无非是希望送个男生喜欢的东西。

而真正让人喜欢的东西，其实并不容易寻觅到。

得用心哪，姑娘们~

男人说分手和女人说分手，有什么区别？

有一个女生来问我：

"林子，你好。可不可以帮我看看，我现在可以提出清明想去最后陪他看看他妈妈的请求吗？之前在他妈妈的墓碑前说好了的。"

今年清明节已经过去了，不知道姑娘你怎么样了。

我猜不管你有没有提出这个要求，最终你都没有去看他妈妈。（其实是没有办法去看。）

男生并不会同意你的请求。

我以前写过一篇文章，叫作《分手后，分手之前的约定就都不算数了》。

大致的意思是，所有的约定，比如每年给你过生日，2018年一起去欧洲旅行，每年清明回家到他妈妈墓前扫墓……所有的这些约定，一旦两个人分手，就全部都不算数了。

所以，当你还执着于这些约定的时候，只说明一个问题：你在内心里面，还没有接受两个人已经分手的事实。

分手了，就是分手了。

分手了，两个人就是没什么关系了。

两个人没什么关系，自然也就没这么多事了。

134

为什么你还想着陪他去墓前看他妈妈这回事呢？真的是因为"之前在他妈墓前说好的"吗？

男人失去了妈妈，肯定是对妈妈很有感情，挂念自己的妈。你去看他妈，是为了对他妈妈的一种尊重、一种缅怀，你想得到和他情绪上的共鸣。其实你是在试图打动他。

分手以后，我们经常会做各种事去打动对方，感动对方，以试图来挽留对方。但事实会告诉你——没有用。

你有没有想过，男人说分手和女人说分手，有什么不同？就像经常有人在豆瓣小组里面探讨什么假性分手和真性分手。

因为不少女生会说："我没有真的想要跟他分手，我跟他提分手，只是希望他能够更多关注下我的感受。"

所以，你会认为男人会不会也有这种想法。

不好意思，男人和女人的思维方式不同。

只有女人才会关注什么真性分手、假性分手，男人的分手就真的是分手。如果男人是因为一时冲动，一时吵架太激烈而跟你分手，你试图去打动他，怀念两个人美好的过去什么的，这种方法或许有些效果。但大部分的分手，你认为分手是男人一瞬间做出的决定吗？

你认为，你们是这两天，是这一个星期，是这一个月才分手的吗？

NO！NO！NO！

分手从来就不是一瞬间做出的决定。所有的分手，都是男人长期酝酿的结果。他可能从半年前、一年前就开始酝酿要不要跟你分手的事了。

你相信吗？

他甚至在半年前就已经在酝酿要不要跟你分手了。

只有女人才会动不动说分手，男人一般不会动不动说分手。男人一旦说了分手，一般就是他深思熟虑的结果。（没到分手的程度，他可能会说"大家先静一静"。）

是的，他想好了，他下了最终的决定，要跟你分手。

打动他？

你是打不动了。

那么，你陪他去墓前看他妈妈这件事，真的就那么难吗？

其实也不难。

男人是可以同意你的。

但你的目的往往是不纯粹的，你并不是纯粹去看他妈妈的。

你可能在这个过程中，在一起回老家的路途中，又会跟他说一堆有的没的，又会各种眼泪止不住啊，可能两人又会发生什么吵吵闹闹，就像以前一样。

他就是想好好回家扫个墓，烧个纸，看看自己的妈，不想那么麻烦，不想那么复杂。

所以，这下你该明白他的想法了。

就像分手以后，很多人会想着去给对方送东西，送礼物，去看他。

所以，你是真的在对他好吗？

你把东西送给他，他收了礼物。然后呢，然后你做了什么？所谓拿了人的手短，他收了你的东西，你再发信息给他，他好像就不好意思不理你了。

所以，到后面，你再送东西给他，他可能就不会收了。

收了礼物就得回应你，不收礼物就不用回应你。

你猜他会怎么选？

最后，我想说，其实我们很多女生的想法会跟这个姑娘一样。

文中的这个姑娘，她男朋友的妈妈过世了。而大部分男人的妈并没有过世。所以当你的男朋友要跟你分手，你实在搞不定他的时候，你会试图去搞定他妈妈（或者他爸爸）。你会试图去亲近他妈妈，对他妈妈示好，希望他妈妈来帮你说话。

这样做的女生可多了。事实上，我要强调，你们两个人之间的事，只跟你们两个人有关。

你真正需要搞定的是他，不是他妈妈。

就算你最终搞定了他妈妈，他妈妈喜欢你，认可你做将来的儿媳妇，你觉得你就有希望了吗？你其实是又搞砸了。

当一个男人不想跟你好，要跟你分手的时候，他的妈妈天天围着他转，经常说你的好话，说你是个不错的女孩子，说什么谁处个对象还没个矛盾吵架呢，只要互相体谅，互相尊重，两个人还是挺合适的。

请问他会这么想？

这其实会激发他的逆反心理："你烦我就够烦的了。现在你又怂恿我妈来天天说我，好像你有多好似的。今天说，明天说，真的烦死了。"

事实上，他妈妈越帮你说话，他越讨厌你！

你以为你获得了他妈妈的支持，好像胜利在望，但其实你是离他越来越远了。

分手后，谁都想努力一把，不留遗憾。

而从上面的例子你就可以看出——分手后，努力并不是最重要的。做正确的事才是最重要的。你再努力，如果你方向错了，那你只是在努力地拿头撞墙。

有的女生，她不需要多努力，她只要能做正确的事，往往能事半功倍。

那么，正确的事是什么？

分手以后，最好的做法就是什么都不做，不然你将要做的一切都会是错的。分手以后，最好的做法就是自己好好待着，好好消失。就像豆瓣小组上经常有人发帖，什么"断联"打卡之类的，今天第一天，明天第二天什么的。

我在下面的留言是：当你不需要打卡"断联"的时候，你才是真正开始了"断联"。

谈恋爱不能有需求感吗？

有一个叫楠楠的女生问我：

"林子，需求感到底从何而来呢？我发现只有对自己爱的人才有需求感，希望他陪，对不喜欢的人毫无需求感。那当需求感和爱挂钩的时候，我们还能去谴责需求感吗？有爱才会有需求感，没有爱，自然没有需求感。

"我们到底应该怎么正确地理解这个需求感呢……这是一直以来困惑的问题，希望得到您的解答。"

那么，今天我们就来好好谈一谈需求感。

需求感到底从何而来？哈哈，没那么复杂啦。当你需要一个东西的时候，需要就会产生需求感。

你嘴里馋了，想吃榴梿，你就会对榴梿产生需求感。你出国留学在外半年了，突然很想你妈了，你就是对你妈有需求感。

工作中商务谈判，你代表公司去谈一家供应商，怎么谈价格，怎么谈条件？（其实博弈的核心就是，你更需要这家供应商，还是这家供应商更需要你？）

那么，在男女关系中，你喜欢这个男人，你爱他，你需要他，那么你就会对他产生需求感。

谴责需求感吗？不，不，我们从来没有谴责需求感。有需求感是正常的。就像你说的"有爱才会有需求感，没有爱，自然没有需求感"。

如果你都没有需求感了，那还谈这个恋爱干吗呢，单身多好。如果你都不需要他了，那还要这个男朋友干吗，自由自在多好。

那问题出在哪里？

是程度（需求感是多是少，是重是轻）。

你有需求感没有问题，但你需求感太重就有问题。简单讲，你太需要一个东西了，你太需要一个人了，就会出现问题。

你太想吃榴梿了，那你会不惜一切代价去吃这个榴梿，那你会付出比较高的成本（代价）。

你太需要这家供应商了，没有这家供应商，你们公司都很难运营下去，那你在商务谈判中将丧失主动权。（就算你真的很需要这家供应商，也要装成不太需要他。）

就像在恋爱中，就算你真的很喜欢这个男生，你也要装成对他有点意思，但又好像不是特别喜欢的那种。

去小商品市场逛街买衣服，还记得你妈怎么还价的吗？

商贩要价200块，你妈说："你这料子也不是很好，只是款式不错，随便穿穿，80块吧。"

商贩连呼出价太低，这样都不赚钱了。

于是，你妈继续往别的摊位走。（假意要走，其实"假意要走"的真谛是——没有假意，就是真的要走，不买也没关系。）

然后，商贩就可能会喊住你妈："算了，80给你吧，不赚钱了都，要不你再多挑两件……"

在恋爱中，需求感太重，从来都是大忌中的大忌。

我在早前学习恋爱关系的时候，就早已明白这条原则。

你太需要对方了，往往就会失去对方。

同时，有的人谈恋爱的态度有点太过认真了，太过较真了，各种上纲上线，其实也很容易给男生产生压力，跟你交往不轻松。

需求感太重的危害是全方位的。

1. 需求感太重，你就是暴露了自己。同时，你们的关系会发展很快，可能也会很快上床。他会觉得已经搞定你了，也就没多大意思了，失去了乐趣，可能就会离开，不会跟你谈恋爱，不会跟你成为男女朋友。

2. 需求感太重，你就会对他有很多要求。时间长了，他就会觉得有压力，觉得各种累。

3. 需求感太重，你们的关系会很快拉得很近。时间长了，你们的关系会很快就腻。有的情侣，因为关系太近，可能一两个月就腻了。而维持恋爱关系，其实也需要两个人之间保持一定的距离才好。

4. 需求感太重，你就是低位。他会各种不在意你，不把你放在心上，各种嫌弃你。因为他吃定你了，吃定你会一直喜欢他，不会离开他，所以他会各种肆无忌惮。他可以在微信上撩别的妹子，反正就算你知道了，你也不能拿他怎么样，因为你太需要他啦。

......

以上的种种，都会导致分手。

低位必被甩，就是因为你需求感太重，关系就会陷入危机。

还记得托付心态吗？

我们为什么反复强调托付心态的危害性，就是因为托付心态太重，就会导致你的需求感太重，这是因果关系。

我们平常总认为只有发生了像出轨、劈腿这些原则性的事件，两个人才会分手。吵架闹矛盾什么的，又不是原则性问题，哪个情侣不吵架啊，吵架很正常。

但你不知道，其实需求感太重也会导致分手。甚至，需求感太重导致的分手案例，比那些传统意义上的出轨、劈腿导致的分手案例要多5倍、10倍。

只是大家从来不重视这个问题。

就像楠楠的问题一样，需求感有什么问题啊，谈恋爱不就是爱对方、需要对方嘛。

所以，我们到底怎么看需求感这件事？

就是你需要他没有问题，但是你需要他的同时，你也需要有自己的生活，有自己的朋友圈子，有自己的娱乐项目、兴趣爱好。

你一旦丧失自己的生活，就会变成一天到晚围着他转，就会变成需求感爆棚。就像那句话说的——爱情不是生活的全部，爱情也不是生命的全部，只是一部分。

从古至今，把爱情当成全部的女人，普遍命运不是太好。同时，满脑子都是爱情的女人，在男人眼中也是缺乏吸引力的。

还记得那句话吗？男人普遍欣赏独立的女性。

你可能要问："我就是很需要他怎么办？我好像一旦喜欢上一个人，就会控制不了自己，控制不了自己的需求感。"

控制需求感的前提是——控制你的投资。你对他的投资多了，必然就会导致你的需求感加重。你能控制自己的投资，就能控制住你的需求感了。

感情是控制不住的，但需求感却可以控制。我很喜欢一个人，但我能控制对他的需求感。

所以，不要一味吐槽什么好像喜欢上一个人，就各种控制不住。

哈哈，那是你。当你恋爱等级低，恋爱水平有限的时候，你自然控制不住。当你水平提高了，你自然就可以控制住。

本来就是这样，没什么神奇的。就像你第一次炒菜，你还控制不住火候呢。

注意：控制不住火候，不是火候本身不能控制，而是你第一次炒菜水平不够而已。

恋爱这件事，跟炒菜一样，都需要经验啊。

感觉男朋友不够喜欢我，我该怎么办？

确实，人是一种非常敏感的动物。

谈恋爱的时候，无论男人女人，都会主动去捕捉各种细微的信息，来判断对方是否喜欢自己。就算知道了对方喜欢自己这个事实，还要继续去判断对方喜欢自己的程度有多少，是不是足够喜欢自己。

很多女生不断去作，其实也是为了测试男生到底有多么喜欢自己，又能包容自己到何种程度。

如你所说，如果你感觉不到他喜欢你，那可能他就是没那么喜欢你。

知道了这个真相你会怎样？

怪他食言，一开始追你的时候，甜言蜜语可没少说，现在他这样是多么不负责任？

怪他喜新厌旧，不能从一而终？

以前有一个女生跟我抱怨："林子，我感觉男朋友越来越不关心我了。我打电话跟他说要他多联系我，多关心我，他满口答应，但他就是做不到。他怎么能这样，说到不能做到？！"

我反问这个女生："你觉得他不关心你，这件事到底是谁的责任？"

"肯定是他的责任啊。他跟我谈恋爱，他是我男朋友，我作为他的女朋友，他不是应该关心我吗？"

错了！

恰恰相反，我认为这是你的责任。

如果男人没有来关心你，没有打电话给你，说明他不想关心，不想联系。

为什么是你的责任？

因为这说明你没有能力让他主动来关心你、联系你。

一个人不想关心你的时候，你强迫他来关心你，这不是强人所难嘛，他敷衍你也正常。

与关心的问题类似，那么，一个男人不够喜欢你，又是谁的责任？

同样是你的责任。

说明你没有能力让他主动来喜欢你。

当然，以前他来追你，你们热恋期的时候，他还是挺喜欢你的。如果他现在没那么喜欢你，某种程度上也只能说明，你的魅力下降了。

道理总是很简单的。

如果你能吸引到他，他自然就会喜欢你。他喜欢你，自然就会多多来关心你，来联系你。

就像你喜欢一个男生，不需要他说什么，你就会主动愿意对他好，逛商场的时候也想着给他买点东西。

当有一天，你不再喜欢这个男生，感觉越来越淡的时候，你可能也没有想要经常联系他、对他好的动力。

在我的感情观里，我崇尚的是——主动、自愿。

你不能要求一个人对你好，而是你要能够吸引到这个人，那这个人就会主动、自愿对你好。

就像我以前举过的另一个例子。

一个女生问我："我们现在冷战了，我想去他的城市找他，请问可以吗？"

当然不可以。

我要是去另一个城市找一个女生，你知道我会在什么样的情况下去吗？

我一定会在这个女生主动邀请我去，欢迎我去的前提下。

人家来邀请我了，主动叫我去她的城市找她玩，我才可能去。

人家如果没邀请，甚至人家可能还不欢迎我去的情况下，我一定不会去。

所以，男女是一样的。

你要去找男生了，可能是去他的城市，可能是去他家，可能是去他的单位，但你去之前请思考一个问题：

"他邀请你去了吗？他欢迎你去吗？"

如果人家都没邀请，或者人家压根就不愿意你去的话，那你就是自找没趣了。

你去了以后，对于他，你是强人所难了；对于你自己，你则是丧失了自己的尊严。

由此，你要思考的问题不再是什么他要多来关心你、联系你、多对你好云云，而是你要去思考到底怎样才能提升自己的吸引力，怎样才能更吸引到他。

男人一般是怎样考验女人的？

前两天，有个女生来咨询我，说有个男生在追她。

一开始自己是不为所动的，但这个男生一直挺有诚意的，人也还不错，慢慢地自己就抱着试试看的心态跟对方接触交往。

到了后面，两个人越来越暧昧。男生会送她回家，会偶尔牵她的手，这个女生也开始期待两个人今后的关系发展。

就这样过了一两个月，突然有一天，女生发现，这个男生不再像以前一样热情主动联系她了，好像一下子变得冷淡多了，这个时间可能会持续十天半个月。这个时候，女生顿时心里就慌了。男生那边几天也没一个电话，微信也是三三两两不咸不淡地聊几句，连基本的晚安和关心都没了，又总是说自己忙，在加班什么的。女生开始怀疑他是不是要退缩了，他是不是有了更好的选择对象了。

这个时候，除了内心慌了，女生还会很生气，很愤怒。女生会觉得，如果他现在就轻易放弃她了，轻易就退缩了，当初又何必那么执着来追求自己？自己现在好不容易打开了心房，准备好好开始一段新的感情，结果他却退缩了，这不是玩人吗？叫人怎么能不生气，不失望？！

试想一下，如果这件事发生在你身上，你会怎么样？

你很可能会忍不住主动联系他，想找他问个清楚，说个明白。而且你去联系他，追问他的时候，往往是带有一股怨气的，是带有情绪的，因为你觉得对方玩弄了你的感情。

那么，你这样做，就是犯错的开始。

其实，这里面有一个男人的小秘密。

在追求女人的过程中，有部分男人会一直追，一直追，直到女人答应，然后两个人在一起。还有另一部分男人，在最终确定关系之前，他们可能会本能地退缩一下。

注意这关键的一句话——**他们可能会本能地退缩一下**。

这个退缩就是你所看到的，突然间联系少了，热情度下降了，也不怎么主动约你出去。甚至你约他出去的时候，他也不怎么愿意。

那么，他到底是怎么想的？

他其实就是想好好地工作，或者好好地跟哥儿们在一起玩——他刻意地不去联系你，对的，他就是故意的。

而这就是男人的考验，比较特别的是，这种考验既是对你的考验，也是对他自己的考验。

他要考验你什么呢？

这个很简单，我相信大家都能想到。他在考验，他这样冷淡以后，你会不会开始着急，开始焦虑，开始频繁给他打电话、发微信，开始不停追问他到底是什么意思。

如果你做了这些，那他就会清楚地知道，哦，他已经搞定你了。

他之前那样殷勤地追求你，你一副爱搭不理的样子，你只是在端着（女生的矜持嘛）。其实你的内心早已认可他了，你已经做好了要跟他在一起的心理准备了。

那么，既然已经搞定，那他就可能松一口气了，不必再那样辛苦追你，对你好喽。他只要等着你主动靠近就行了，反正你也是憋不住的嘛，哈哈哈~

是的，你没有看错，如果说在上一个阶段，他是在苦苦追求你，他是低位的话，那么，他已经不甘于做一个低位了，他在尝试高低位的逆转，从而获得关系的控制权。

在这个过程中，你可能会开始害怕他不再追你，不再对你好，甚至他还要放弃你，你就会失去他。要知道，你可是刚刚才打开了心房，去接纳一个人，好不容易的。

当你害怕这一切的时候，你们之间的关系格局就会在瞬间逆转。

另外，他同时也是在考验他自己。

他考验自己，其实就是在问自己的内心，他是不是真的喜欢上你了，是不是真的爱上你了。

两个人拉开距离，没有你的时候，他在观察自己，会不会想你，会不会想要联系你。如果会，很强烈吗？有多强烈？自己能不能控制住不给你打电话？

有意思的是，在男人的内心里，男人甚至都不愿意看到自己真的爱上你了，真的离不开你了。因为那就意味着，他被你搞定了，他被你迷得神魂颠倒。

哈哈哈，神魂颠倒！

要知道，男人的自尊心，永远是希望自己把女人迷得神魂颠倒，而不是自己被女人迷得神魂颠倒。

当然，你知道女人的自尊心也是一模一样的。

既然是对自己的考验，到最后也会有答案。

如果最终他发现，他真的会天天想你，每天晚上都梦到你，真的非常需要你，那他多半就会认命了。

认命了，接下来，他就会下定决心跟你在一起了。

另外，也会有另一种答案，就是不怎么想你。就像大家失恋分手以后，有的女生会去挽留男生，结果男生说了一句话："我真的对你没感觉了，我们分开半个月，我发现我都没有想你。"（这句话可能是真的。女生听了估计要被打击死了。）

那么，既然这是男人对女人的考验，那么女人又该如何应对呢？

很简单，你要有耐心，你需要安然地度过这个阶段。

他变得冷淡的时候，你也不用管，就玩自己的，该干吗干吗。我知道你的内心可能早已波澜起伏，但请坚持住。

你要像没事人一样，就当作什么都没发生一样，就自己过自己的。

不要频繁联系他，不要追问他说一堆。

没有他的日子里，你也可以过得很好。不过，在适当的时机，你也可以表达出一丢丢的失落——"今天买的橘子好酸，牙都酸掉了，里面还有不少种子。没有某人买的橘子好吃，里面一颗种子都没有。"（再配一张图：自己被橘子酸死的面部表情。）

那么，过了这个阶段，他可能会若无其事地联系你，看看你的反应。你也要装作什么都没发生，随便跟他聊聊，语气轻松愉快，也不要有怨气。

　　"像没事人一样"是男人经常有的表现，如果女人也能学会很多事情"像没事人一样"，那么，你的恋爱等级就会提升很大一个层次。

　　但在现实生活中，我们很多女生还是无法好好地度过这个考验期。

　　男生一直追你，一直对你好，突然他好像工作忙起来了，联系也少了，关心也没了，女生就会好不适应，内心也是极度害怕，总是忍不住想去联系对方，想要去追问他的想法。

　　说起来，男女交往本来就是一直在互相博弈。你害怕失去他，他其实也害怕失去你，最终就看谁更淡定，谁比谁更不害怕失去对方。

男人闪婚是因为爱吗？

有的人刚认识两三个月就领证了，这慎重吗？

肯定是不慎重。

绝大多数情况下，男人对结婚这件事是慎重的，对自己将来要跟什么样的女生过一生是慎重的。谈恋爱可以很随意，反正不行还可以换，结婚可是要过一辈子的。所以，总要挑来挑去，东看看西看看的。

挑来挑去是什么意思？

两个人快要结婚的时候，不论男人女人，其实都会想一个问题：

"我不多出去看看的话，我怎么知道我是不是能找到比现在这个女朋友更满意的结婚对象呢？"

那么不慎重的情况，闪婚的情况，又怎么说？

那就是有了例外。

有三种例外会导致闪婚。（这里不分男女，男人会闪婚，女人也会闪婚。）

第一种例外：太中意了

可能这个男生以前也谈过几次恋爱，但是这一次遇到的女生，不知道怎么运气就这么好。他觉得这个女生特别好，特别温柔，特别像自己理想中的女孩。

他感觉自己从来没有遇到过令他如此动心的女孩。他太中意这个女生了。然后这个女生跟自己的父母也处得很好，很孝顺，父母也很满意。（没有这一条也行。）

那还想什么呢？

赶紧结婚啊。（如果男生也到了差不多该结婚的年龄。）

当然，作为女生，你也可能会遇到这样的意中人。

以前有男生追的时候，可能这些男生也对你很好。但这个男生不一样，因为首先是你看上他的，结果巧合的是他就接触上了你，然后他来追求你，对你好。

要知道，"你没看上他，他来追你"跟"你早就中意他，他来追你"，给人的感觉是很不一样的。

因为你的心中早就有了期待。所谓的"被爱情冲昏头脑"，然后就火速领证了呗。

凡是像这种太中意对方，而火速领证闪婚的情况，其实都属于一时冲动。

但一时冲动又有什么不好呢？

就像买房子一样。如果买房子的时候，你考虑太多，自己想好了还不够，还想请家里的各种亲戚来参考什么的，还担心这担心那，贷款能不能还上，能不能凑足首付款，那你肯定买不上房子了。

买房子其实也是要靠一时冲动。

我只想说，当年一时冲动买房子的人都笑了，足够笑一辈子。（北上广深的人可能足够笑几辈子……）

至于他们一时冲动后会不会后悔，那就不是你的事了，是他们自己的事，反正他们结婚了。（后悔可能会离婚，即"闪婚闪离"。也有不离婚的，凑活着过呗，懒得折腾了。）

第二种例外：逼上梁山

有的女生年龄大了，29岁，30岁，31岁了。家里实在逼得急，自己内心也着急，急上加急。

那么，她认识了一个男生，也许相亲认识的，也许自己遇到的。感觉差不多，觉得这个男生也还行，也有经济基础，对自己也不错。虽然不是特别中意他，但基本也能看得顺眼，可能也会很快结婚。

大家都没时间慢慢耗啦。

男人也会逼上梁山。

有的男人比较孝顺，然后他爸患上了重病。也有可能是他爷爷患上了重病，时日无多。他又跟爷爷特别亲，小时候就是爷爷带大的。

他知道爸爸（爷爷）的心愿就是可以看到自己早日成家，早日有孩子。如果自己一直还不能结婚，那爸爸（爷爷）是不会瞑目的。

于此，为了完成老人的心愿，他会拼命相亲，拼命多见姑娘。遇到差不多合适的，那就可以了。其实也不需要自己多么喜欢这个姑娘，差不多就行，也算是给老人一个交代。

以前有姑娘就遇到这种情况。她跟这个男生谈了三四年的恋爱，但他们总是不能结婚，矛盾重重。两家人夹在中间，也搞得有些不太愉快。本来这个男生是想跟这个女生结婚的，而且要很快结婚，以完成老人的心愿。但以前的交往导致他们彼此心中的怨念太重，商谈结婚的诸多事情上又有很多冲突，结果就是迟迟不能结婚。

然后男生实在没办法，因为老人实在等不了几天了，就去相亲。结果，他也没相亲几个，就找了一个差不多的女生结婚了。

之前的女生一开始很震惊，但又觉得他们是为了结婚而结婚，肯定好不了多久就会离婚。

但事与愿违，他们结婚后日子过得很好。

世事无常啊……

第三种例外：太累了

一个女生刚结束了一段四年的恋情，本来两个人都到了谈婚论嫁的程度了，但可能是女生自己太急于结婚，给了对方太多压力，逼婚不成反而被分手了。

女生做了很多努力，很多挣扎，试图去挽留这段感情。

但折腾了四五个月以后，两个人最终还是没有任何联系了。

这个时候，女生是真累了。

有人要说了："重新去找一个人呗，何必吊死在一棵树上？"

说得轻巧，你知道重新去找一个有多累？

你要重新去跟一个人相亲。你们要从喝咖啡开始，开始了解彼此。

了解彼此的背景，在哪儿上的学，学的什么专业，工作怎么样；了解两个人的家庭情况，生活习惯，兴趣和爱好；了解彼此有什么样的价值观，又讨厌哪些东西，小时候有哪些成长经历，哪些人对你的影响最大；了解彼此对结婚这件事怎么看，对两个人冷战这件事怎么看，对双方父母怎么看，双方家庭结婚的要求是怎样的。

想想这些事就好累好累。

重新去熟悉一个人，重新去把一个陌生人变成熟悉的枕边人，这个过程不知道有多么烦琐，不知道两个人之间要发生多少事，又要有多少个夜晚要辗转反侧……

所以，很多人失恋以后那么拼命去挽留对方真的是因为爱对方？

不见得。

你只是没有心力再去重新开始一段感情了。

以前这个对象，大家认识熟悉了四年，大家都知根知底了。尽管大家有很多不愉快，但能过就过呗，干吗一定得分手呢？只要挽留住对方，就不必重新去谈一段恋爱啦。

男人女人都会有疲惫的时候，就像所谓的"累觉不爱"一样，在上一段恋情中已经用尽了所有的力气，真的没有力气再去找下一个了。

在这样的情况下，男人女人都有可能跟一个差不多的人闪婚，因为真的没有力气去折腾那么多了。

所以，结婚是因为爱吗？

这个问题我们外人是不知道的。

如人饮水，恐怕只有当事人自己知道了。

156

异地恋，见面是甜蜜，也是毒药

小艾和她的男朋友是异国恋，男朋友在国内，她在澳洲。

这几天她男朋友来澳洲看她，见面才两天，却遭遇了危机。

她说："我带他去吃饭的时候，看到他在微信上跟别人聊天聊得不亦乐乎，看样子应该是女生。然后又想到这两天他连我的手都没拉过，对我也没以前那么热情。

"我感觉到很生气，就和他说分手，自己走了。他一直跟在我后面，我用眼睛能偷瞄到。

"我知道他找不到路，后来就跟在他后面，但是他现在很生气，觉得我在异国丢下他一个人不管不问，触碰了他的底线，现在怎么都不肯和好。"

后来，男生真的很生气，要改签机票，不过也被女生拦下了。

男生的很生气是这样的：他辛辛苦苦来到澳洲看她，因为在微信上谈工作没理她，结果小艾以为他在和别的女生聊天，然后发脾气跟他说分手，把他一个人丢在澳洲。他身上没有当地货币，也不认识路。他感觉自己实在不能忍受这种事，晚上想了一万种理由，也不能原谅她。

然后小艾就很纠结，难道自己做错了吗？那到底两个人还能不能和好？

当然，大家看了这个故事，肯定会觉得那个男生在撒谎，什么谈工作没注意到自己，都是骗人了，balabala……

我们先不管这个男人是不是在撒谎，是不是在泡妞。

从我本人的角度，我倒是能稍微理解这个男生的感受。

都说异地恋很难，大家要彼此珍惜。你说，大家两三个月没见面，现在终于见面了，不应该是开开心心的吗？

所以，男生这边就有了一个心结：大家好不容易见一面，为什么还要这么折腾一下？见面应该是甜蜜的，为什么还要动不动就生气，动不动就说分手，动不动就把他一个人丢下？

我曾经也有过这样的感受：女人都有病吧，见面的时候为什么不能好好的，非要因为个什么破事，计较来计较去，折腾来折腾去，到底是为了什么？（当然我知道你们会说，我们动不动生气还不是因为你们男生对我们不好，不在意我们，balabala……）

现实中你有没有发现，有很多异地恋，两个月没见面没分手，三个月没见面没分手，好不容易见面了，却因为什么乱七八糟的事闹得两个人都一肚子气，结果分手了，就像小艾这样的情况。

有没有想过这些事背后有什么共通点？

158

其实这些事情的发生，就是因为异地恋本身。

异地恋的你们，大部分时间没法见面。用大家的话说，就是看不见，摸不着。

你看，明天又是"五一"，我想很多异地恋的情侣都会约在

"五一"见面。也许是你去他的城市找他，也许是他来你的城市看你，也许是大家相约去一个地方玩。

但这个"五一"见面中，却暗藏危机。

如果你们计划"五一"见面，或者计划一起去鼓浪屿玩，那你们应该最起码一个月之前就有计划了吧。

想想看，从4月份开始，你每天都盼着"五一"节的到来，盼着跟他的见面，盼着跟心爱的人在一起的快乐时光。

每一天早上醒来的时候，你都会想着："马上要跟他见面了，这次我们去哪里玩好呢？"到了晚上睡觉前，你又会想："'五一'节他会不会临时加班不来了，或者有别的什么事来不了，那该怎么办啊？那我到时候可不可以去看他呢，哪怕陪着他加班也好，不过不知道会不会影响他……"

每一天的每一天，你都会花很多时间来想你们的见面。

我相信，小艾的男朋友来澳洲看她，肯定也是计划了许久。

而这样日思夜想地盼着，就带来了一个严重问题——你对这次"五一"节见面，或者小艾对于跟男朋友这次澳洲见面的事，就有了太多的期许。

你们两三个月没见，你希望见面的时候，你们会更加甜蜜，他对你很好，他很在意你，你们会很愉快地度过这几天，然后依依不舍地分别。

往往到这个时候，你会发现，你的眼里揉不得沙子。

男生来火车站接你的时候，因为堵车，见到你的时候，你已经在车站等了半个小时了，你怪他为什么不能早点出发；深夜你很想吃榴梿的时候他没有立刻去给你买；去爬山的时候你被远远地甩在后面了他都不知道，他个死人只顾自己一个人往前爬……这些事都会让你觉得很生气，觉得自己被忽视。

最后就演变成——他好像也没有那么爱我，没有那么在意我。我们好不容易见一面，那些小小的事情他都不能给我安排好，那些小小的要求他都不能满足我，他还是我男朋友吗？我好委屈，我好生气……再下面，就变成对男生的责问了。

想想看，如果你们不是异地恋，你们可以经常见面，你们可以三天两头地见面。

我想，应该就会少很多这些闹心的事了。

因为见面并不是很难，甚至可以很随意。那么，你们对对方的思念，对对方的情感需要，平常的时候就已经被满足了，就很少会出现对于某一次见面，你会有很大的期望了。

如果对见面没有很大的期望，那你也就不会对对方有太多的要求。

所谓希望越大，失望越大。

就是因为异地恋大家难得见一次面，所以你才希望在这次见面中，感受到男生千倍百倍的爱。

男生虽然爱你，但并不可能时时刻刻关注到你。有的时候他要工作，有的时候他要跟哥儿们玩，有的时候他还要忙点自己的事。

于是，见面了，有开心甜蜜。同时，也有了落差。

有了落差，你的心中就有了怨念。

怨念这个东西非常可怕，可怕到足以毁灭任何一段关系。

160

你的心中一旦有了怨念，你就会借各种乱七八糟的小事表现出来。

然后男生就会觉得——你有病吧，大家好不容易见一面，你却因为这些破芝麻小事闹情绪，简直无理取闹，不可理喻！

我和前女友在上海发生的那件事，我后来讲给一个女生听。

她想了想说，如果是她，就觉得没什么啊，也不会觉得委屈什么的。只是因为实在没办法，没有身份证，半夜溜进房间，还会觉得是一件很好玩的事。

在平常生活中，可能这就是一件很简单的事。

只是异地恋会把这些看起来很简单的事放大，变成了异地恋见面的时候，你对我好是正常，这是应该的。你稍微有一点没照顾好我，就是不在意我，不在意我们的感情。

"我就要闹，就要闹，我不管，就要闹。"

男生有时候真的会被弄得内伤，恨不得自己去死。

以前我们说异地恋的时候，说异地恋很难，大家以后谈恋爱的时候尽量不要异地恋，尽量在自己身边找。

但如果你已经是异地恋了，那没办法，也只能好好地经营了。

而今天说的这件事，就是告诉大家，异地恋会给大家的见面带来不应有的期许。

其实这个见面的期待，倒也是人之常情。几个月没见，谁不激动啊。只是在闹矛盾的时候，在自己一肚子气的时候，不妨想想，会不会就是因为自己对对方的期许太多了呢？

理解这件事，应该能够让大家在异地恋的交往过程中更加理解对方吧。

四年的感情，腻了怎么办？

四年多的感情，会有什么问题？

很简单，一定会腻。

时间长了的感情，男人甚至会跟你说："我对你没感觉了，我感觉我们的关系更像是亲情。"

什么叫像亲情？

哈哈，没那么复杂，其实就是大家都太熟悉了。

四五年的交往，大家各种脾气、习惯、秉性都太熟悉了。要我说，四年的感情，神仙都没法保证一定不会腻。

腻了是正常的，大家都会腻，谈恋爱时间长了，都是这样，这是一个正常现象。

就像我以前举的例子，关于异地恋的。

有一个女生打电话跟我吐槽说："异地恋一年多，我们以前是每天晚上微信视频一个小时的，现在他慢慢就不愿意跟我打电话了，有时候一天一个电话都没有。我去问他，他还说跟我没有什么可聊的。我的天啦，他这是不爱我了吗？"

哈哈，他是不爱你了吗？

所以，我也想吐槽，毕竟我也经历过异地恋，我太知道这里面是怎么回事了。

大家异地恋一年多，之前保持异地恋的习惯，每天晚上视频通话一小时。慢慢地，你就会发现，你们居然无话可聊了。

这个"无话可聊"真的是无话可聊，并不是他主观上不想跟你说话。

这太正常了。

你们每天通话一小时，一年过去了，你们能说的、不能说的话题早都说完了。所以，接下来的通话，就都变成了交差——你今天中午吃什么了，明天准备去干吗。就只剩这种了。

他说没什么话跟你聊，这也是现实情况啊。

因为确实电话接通的时候，不知道该说什么了，因为真的全部话题都说完了。所以，最常出现的场面就是，大家视频开着，然后各做各的事情，大家也不说话，就像互相陪伴一样。所以，我以前强调，异地恋，不需要每天的通话，不需要每天的晚安，就是因为怕腻啊。

天天视频通话一小时，一年以后，神仙都要吐，神仙都无话可说！

所以，腻了应该怎么办？

我们有一个概念叫作——时近时远的关系策略。

腻了，就应该拉开距离，减少联系一段时间。就相当于你们一直住在一起，本来腻死了。后来他出差去外地一个月，他回来以后你们又能很甜蜜。

男女的交往，其实并不是要大家一直靠在一起，黏在一起，而是有疏远，有亲近。

一段时间，大家的关系疏远一些；再过一段时间，大家的关系可以亲近一些。

一会儿疏远，一会儿亲近，这才是自然的恋爱方式。

再说了，两个人一直挤在一起，时间长了，各种矛盾冲突也多了，不单单是腻的问题，所以拉开距离，疏远关系，也正是为了降低两个人之间的冲突浓度，适当恢复一些新鲜感。

再回想起来，分手以后我们经常说到的"断联"和消失。

其实从本质上讲，"断联"和消失都是在拉开距离，拉开关系，让大家都能呼吸一口新鲜的口气，彼此都能有些自由，有些空闲。

没有人的恋爱关系不会腻，只是你要学会去适当调节。

当两个人关系平淡了，或者紧张了，或者腻了，你要觉察到这种变化。然后，甚至你自己要主动地跑出去玩，主动地去多跟朋友一起玩，主动地去多做自己的事，不去管他。这样拉开距离以后，大家的关系就能够得到很多的恢复（修复）。再过段时间，可能大家又会重新恩爱一起。

学会适当地拉开距离，这也是一种恋爱智慧。

就像我以前讲解决问题的最好方法就是不去解决它，这是一个道理。

有问题的时候，你拼命想挤到他面前，拼命想冲到他面前，你想去解决，你想去解释，你想去消除误会。

往往你这样的做法会适得其反，问题并不会解决，他反而会更加烦你。

很多时候，出现问题的时候，最好的方法就是不去解决它，不管它，然后两个人就各自做自己的事情，谁也不管谁。（注意：这不是冷战，要注意区分。）

然后再过一段时间，你会发现，你们重新接触上。你们谁也没有去提曾经的那个问题，那个矛盾，那个不愉快，谁也没提。然后你们继续交往，你们又能愉快地玩耍了。

于是，你看，问题和烦恼自然就没了。所以，恋爱跟我们工作是两种不一样的逻辑。

在工作中，你遇到问题，出现问题，肯定要积极地去解决。但在感情中不是这样，不解决反而是解决问题的最好方法。

我相信，如果你能领悟这一点，你在恋爱中肯定能省去很多不必要的麻烦。

分手后，制造偶遇会怎么样？

很多人在分手后都幻想过这个场景：如果两个人在大街上偶遇了，会怎么样？

有的人还会尝试去制造偶遇。

那么，制造偶遇的结果是什么？

大数据会告诉你，大街上撞见了，然而并没有发生什么。

男生会把头扭过去，假装没看到你，或者低头看手机。你可能会想："大家虽然分手了，但又不是仇人，干吗要像陌生人这样，打个招呼不好吗？"

话虽如此，但当时的情况都不会这样。

如果他很自然地来跟你打招呼，这就感觉他好像早就把两个人的过去忘记一样，他会觉得这样做不太合适。如果他表现出关切的样子，又怕你会误会什么，导致一些麻烦。

最关键的是，撞见你的时候很突然，可能两个人都来不及反应。

来不及反应的状态就是——首先是一愣，然后赶紧移开眼神，再转头走掉，或者去做自己的事。

对你笑脸相迎的画面，估计是很难想象了。

还有一个有意思的现象：

166

大街上撞见，他看到你，你也看到他，如果你是那种火辣辣的眼神看着他，那他通常都会回避你的眼神，假装没看到你。（大家应该知道我说的"火辣辣的眼神"是指哪种眼神。）

如果你看到他的那一瞬间，立刻转移眼神，也假装没看到他，那他可能会多看你两眼。

"多看你两眼"是看什么？

就是好久没看到你了，就想看看你怎么样了，看看你有什么变化。就像"断联"一段时间以后，男生有一天打电话过来，其实他也就是来跟你随便聊聊，看看你的近况，过得好不好。他也并不是要来跟你怎么样，并不是要跟你复合，所以没什么好激动的。

这是一个很正常的心态：我跟一个妹子分手了，大家好久没联系了，也不知道她现在怎么样了。那么，我想稍微去了解了解，也很正常。

我们再接着聊制造偶遇的情况。

你身边总有一些军师在帮你出谋划策，其中最常见的一种建议就是制造偶遇。

你知道制造偶遇最常见的结果是什么吗？

我来给你描述一下场景：

你去制造偶遇了，也许是大街上遇到，也许是上班路上遇到。你所设想的制造偶遇的情景，大家应该会发生什么，或者最起码会互相打个招呼。此时，你的内心早已把大家打招呼的场景进行了几千次的演绎：如果他打招呼了，你第一句话要说什么，你该怎么表现。他如果说了什么话，你应该怎么回答才好。能不能现场邀约他到哪个地方坐一下，聊一聊。（俗称：内心戏。）

但可惜的是，你的内心演绎了这么多，可能打招呼这个场景并不会发生。他没有来跟你打招呼，而且一看到你，就把眼神移开，假装没看到你。（因为你是制造偶遇，所以你此刻的眼神必然是"火辣辣的眼神"。）

男生向前走去。

你眼见他就要离开，你精心准备的偶遇计划就要破灭，你心中千百次的演绎画面全都泡汤。

你心急得都快崩溃了，然后你只能去叫住他，叫他的名字，甚至去拉住他。（有女生跟我描述的就是"拉住他"，因为叫他名字他不睬。）

你叫他的名字，他可能会停下，也可能不会停下。

你们可能会聊两句，但一般都不会聊多少，因为此刻你的内心已经崩溃。

你会直接请求他能不能找个时间，两个人好好坐下来聊一下。

他一定会拒绝你，哈哈。

所以，这样的偶遇场景，多半会以失败收场。

168

失败的原因是什么？

很简单。他一开始看到你，看到你那"火辣辣的眼神"，他一下子就知道你的内心在想什么，你想要干吗。

你那"火辣辣的眼神"出卖了你的全部心思：你对他有大

量的需求感，你日日夜夜都在思念他，你急切地想要跟他复合。

所以，他不会跟你聊，因为他知道你要说什么。无非就那些东西呗，你还能说什么呢？

所以，不要去想什么制造偶遇了，没有用。以后就算大街上撞见了，我的建议是，跟他做的一样，扭过头去，假装没看到，假装低头看手机。

你会想：凭什么啊？我要这样躲着他干吗？这样做岂不是显得我太小气了，不够大度？

别来劲，躲着他就对了。之前各种纠缠求复合的时候，你都是一个劲地追着他的，那现在躲着他就挺好的。就像分手的消失，本质上也是躲着他。

你要明白人的心理。

想想看，以前你的男朋友会在某个时间段内，不知道什么原因就有点躲着你。

他躲着你的时候，你会怎么样？

你就越会去盯着他，去追问他一些东西啊。

所以，躲着就对了。

就像我刚才说的，当你有那种"火辣辣的眼神"的时候，他就会躲着你。而当你也开始躲着他，说不定什么时候，他也会开始有那种"火辣辣的眼神"哦。

为什么你会不珍惜前任的好？

今天一哥儿们来跟我聊天，他就说过年期间跟女朋友分手了。他一直在那边叹息，觉得很可惜。

这个女生其实很好、很善良，对他很关怀、很体贴，而且身材、样貌也不差，是个空姐。两个人年龄都不小了，都急着要结婚的。

但自己不知道为什么，在跟女朋友相处的几个月内，自己总是有意无意地找女生的麻烦，说她的不好，觉得她这里做得不好，那里不太满意。

其实女生已经对他很好、很热情了，但自己那个时候总是作，总想去嫌弃她。

现在回头想来，女生的条件其实很好了，他也说不清楚嫌弃对方什么，但当时就是想搞一些事情出来。

现在这个女生失望了，决定离开，他拦也拦不住了。做一堆感动的事、补偿的事，买各种东西，送什么红糖水，可能都无济于事了。

他说："我以前都是去追女生，各种献殷勤，现在难得遇到一个主动对我好的女生，我都觉得我以后遇不到这样好的女生了。

"而且我以前老是觉得她配不上我，但现在才发现，我越来越觉得自己配不上她了。"

所以，你说人怎么就不知道珍惜呢？

哈哈，这是一个好问题，人怎么就不知道珍惜呢？其实这样的情况很多。

很多女生被分手、失恋也是一样。男朋友对女生很好，无微不至的好，但女生总是各种找碴，不满意，各种故意惹对方生气。但是到了分手那一刻，女生才发现男生的好，后悔当初不知道珍惜。

如果是后悔不知道珍惜，那么请问，如果再来一次，你就一定会珍惜吗？

这就涉及到人性心理了。当你明白这一点，你就知道有些东西是拦不住的。

我要告诉大家，在恋爱中有一条隐秘的人性心理——当你觉得对方永远不会离开你，不管你怎么做，他都不会离开你的时候，你就会各种无所谓，各种不在意他，各种欺负他，各种嫌弃他。（此心理男女通用。）

所以，实际情况是，不是你不知道珍惜，而是人性如此。

对方越把你捧在手心，你就越不会把对方当回事，越对他要求很高，然后各种嫌弃他，数落他，抱怨他。

而最终到了失去对方，或者失去对方对你的好的时候，你才猛然发现："原来人家其实对我挺好的，我当时是瞎了眼不去珍惜。现在想去珍惜的时候，往往又来不及了。"

这样看来，恋爱的时候，对方对你的好，是爱情的甜蜜，但最后又成了你们关系破裂的毒药。

当你不能理性看待这一切，不能理性看待男生对你的好的时候，你自然而然就会各种作。作到最后，对方无力承担，又对你无比失望的时候，可能就会分手了。

所以，"后悔当初的不珍惜"可能只是一种自我安慰。因为就算你们以后复合了，你可能还是会不珍惜的，这是人性。

同时，我们也可以看到，当我们对一个人非常好的时候，好到让他觉得你死活都不会离开他，不管他怎么做你都不会离开他，那么他必然会在心态上轻视你。

这不是道德品质的问题，这是人性使然。

"他吃定你了"这件事不一定是他的责任，也许跟你的善良、一味付出、圣母心态有关。

所以，聪明的女生知道，什么叫作恰到好处的"对他好"，而不是一味对他好。

那么，过去发生的事我们不再讨论，以后我们怎么避免这样的"不珍惜"呢？总不能直接跟男生说，希望他不要对你那么好吧。这不现实，男生开始追你，各种献殷勤的时候，拦都拦不住。

所以，唯有改变自己的心态，理解自己的人性，才能好好预防这件事。

172

当你觉得对方就是认定你了，死活都不会离开你的时候，你要冷静告诉自己："没有无缘无故的爱。他现在那么喜欢我，是因为我很好，我很优秀，我整个状态和精神面貌都很好。如果我没有这些好的状态，那对方就不会那么喜欢我，那我的那些'有恃无恐'就荡然无存了。"

而且恋爱总有平淡的时候，对方不可能一辈子都对你这么好。你要理解到这些都是恋爱的自然过程，从热情变得有些平淡也是正常的。

如果你想要你们的关系保持长久，你就得安然地度过这些阶段。并不是对方把你捧在手心，你的恋爱就不需要花心思了。

没心没肺的时候，就是你们恋爱关系最危险的时候。

男生分手后的心态变化

很多女生跟我说，分手以后自己很难过，整天泪流满面，吃不下饭，睡不着觉，但是他却好像很逍遥自在，跟朋友出去玩，聚会、吃饭、唱歌，好像一点难过的样子都没有。他怎么能这么心狠呢？他难道就一点都不在乎我们两个人的感情？难道他从来都没有真正爱过我吗？

其实，不是这样的。分手这件事，男生也是痛苦的，也是难受的，毕竟人心都是肉长的。

那么，为什么你看不到他难过呢？

因为提出分手的人和被分手的人难过时期不太一样，我这里简单把主动方当成男生，被动方当成女生，这样说比较容易一下。

男生其实也是痛苦的，不过他是在分手前痛苦。

男生觉得这个女生不靠谱，很麻烦，渐渐不喜欢了，想要跟她分手的时候，他就会犹豫和纠结，联想到这个女孩好的一面，毕竟两个人曾经有过亲密的关系。

在决定是否分手这个纠结阶段，男生是很痛苦、很抑郁的。而这个时候，也许女生是感觉不到的。女生还很天真浪漫地挽着男生的胳膊逛街呢。实际上，在男生犹豫纠结的这个阶段，越看到女生无忧无虑的笑容，其实越难过，因为男生会想象到一旦分手，这个女生可能要承受的巨大痛苦。

所以，女生的痛苦实际上是在彻底分手之后，彻底失去这个人之后。那么在分手之前，可能这个女生还没多大感觉，她以为这就跟以前闹别扭一样呢。

直到最终分手的那一刻，女生就像一下子落入了冰窟，才开始痛苦。

我们再讲一点。有的女生会说到这样一个情况，就是闹分手的那段时期内，有一天这个男生居然当着她的面大哭起来，眼泪流得哗哗的，不像装的。然后这个女生就会想，你看他哭得那么难受，那么撕心裂肺，说明他心里还是有我的，不是吗？他还是很在乎我们的关系的，不是吗？

其实，是你太乐观了。要知道，男生哭了并不是什么好事，男生哭了实际上是一个非常危险的信号。

男生哭的时候，说明他内心很难受。为什么难受呢？这正说明他其实正在暗暗下决定，决定跟你分手。

因为毕竟两个人交往了那么长时间，一想到两个人要分手，他也会很痛苦很难受，所以才痛苦地哭了。再强调一遍，男生哭了是一个非常危险的信号，因为这正说明他的内心正在暗暗下决定。

还有的时候，女生们会发现，男生会跟自己说这样的话："我们应该好聚好散，不过以后你要是有什么困难还是可以来找我，我还是会尽我所能帮助你。"

在前面的文章中我们讲过"服从法则"，讲过"服从性测试"，有的姑娘会在分手后对对方使用"服从性测试"，测试对方对自己的态度。

然后她发现她让这个男生帮自己做一些事啊，买个火车票啊，寄个包裹啊，男生还是很愿意帮忙的，也就是"服从度"很高，但唯独说复合不行。一说复合男生就翻脸，不想跟你多说话了，这是什么原因呢？

这其实就是男生分手后的内疚或者说补偿心态吧。毕竟他也知道分手对于你来说是一种伤害，所以他还愿意帮助你，不愿意做陌路人，也许是因为还念及旧情，也许是对你愿意有所补偿。

但这些并不代表他还愿意跟你好，所以大家要分清。

那么，经典的问题来了，就是"分手以后做朋友"。

通常，这个问题分为两种，一种是分手后男生希望可以做朋友，另一种是分手后女生希望可以做朋友。

当然，我们大家都知道，所谓女生想分手后做朋友，其实是她在毫无办法的时候只能借做朋友这件事，希望可以跟对方继续保持联系。

所以，我们这边来讨论希望分手后做朋友的情况。

1.备胎心态，或者说后路心态。什么叫后路心态呢？比如一个女生把男生给甩了，女生希望可以做朋友。当女生交往了新男友，交往不顺利遇到挫折心里难受的时候，可能会来找男生诉说，这种心态就是后路心态。

那么，关于备胎心态其实有点像网红们的"怕掉粉"。所谓的"怕掉粉"就是不管我对你们怎样，但我依然希望你可以继续喜欢我、关注我、在乎我这种，大家应该能够理解。

2.毕竟两个人曾经在一起过，有那么多难忘的记忆，人心都是肉长的。分手后，原来那么甜蜜恩爱的人，突然就要一下子分开，变成陌路，其实他也是有些于心不忍，难以接受。其实这种做朋友更像是大家的一种心理缓冲，不要一下子大家都变得老死不相往来。

过年啊过年，多少情侣难以安然度过？！

对于女生来说，过年期间你最大的感受可能是，男朋友过年在老家突然变得不怎么关心你，也不怎么发微信，主动联系你的时候也少了。

然后你就一肚子不安心，你会在想他是不是过年在家听他父母说了什么，所以态度有了变化？还是他又相亲了，在跟相亲对象聊得火热？又或者是他参加婚礼，见到了什么其他女生，导致他心思不在你这边？

你越想越多，越想越可怕，甚至都准备过完年来直接分手了。我倒是要好好解释一下。（过年期间我已经给不少人解释过了，心好累。）

你在这边焦虑不安，担心他不联系你的时候，你知道他那边是什么情况吗？

"三条A！"

"嘿，和啦！"

烟雾缭绕的房间里，几个大老爷们在大声吹着牛，喝着酒，打着牌。

小学同学，初中同学，各种同学，同一个村的小伙伴，一起长大的发小，大家一年到头都没法见面，自然要趁着过年好好来联络感情。

你觉得他在故意冷落你吗？

NO！NO！NO！

他其实是很忙啊，忙着跟小伙伴们一起玩。而且很多人是通宵打麻将，通宵出去玩什么的，所以很多时候就顾不上回复你这个女朋友的微信啦。而且，要是在桌上，哪个家伙老是拿起手机发微信的话，是要被很多人骂的好吧。所以，过年期间的联系少，我觉得大家要理解。

他回到他的老家，你回到你的老家，每个人都是在家乡过自己独有的老家生活，所以大家联系少很自然。所以，你要把过年当成一个特殊时期来对待。

你要安然地度过过年这个特殊阶段，不吵不闹，让他尽情玩好了。等过完年了，回到城市中来，大家又该重新进入城市生活，作为情侣的你们又可以开心地出去玩了。

刚才说的事比较轻松，但对于大多数人来说，过年可不轻松。

过年回家，不仅仅有父母亲戚以及同龄人的各种压力，还有各种对比。

同龄人啊，发小啊，同学什么的都已经结婚了，有的二胎都怀上了。这种对比，会让每个人都去反思自己当前的恋爱关系该何去何从。

所以有的时候，过完年，如果你发现对方对你态度大变，你第一个可能想到的就是——"是不是过年期间，你妈跟你说了什么？"而且有时候，他的父母不是最厉害的，你的闺蜜才是最厉害的。

"你跟你男朋友都谈了5年时间了，你们到底结不结婚啊？

我怎么感觉他还不想跟你结婚，他这样明显就是拖着你啊。再过两年，你都27了，他是无所谓，你可怎么办啊？你看过年他那边好像也没什么表示，好像根本不考虑你作为女生这边的压力一样。我是你的话，碰到这样的男人早就分了……"

女生之间，闺蜜的煽动，无人能敌。好好的情侣关系，闺蜜随便煽动煽动，都可能分崩离析。（原谅我说闺蜜的不好，只怪我看得太多。）

闺蜜煽动你的时候，其实她的话从大道理上讲往往又是对的。只不过闺蜜并不会考虑你们之间的感情，闺蜜并不会考虑你舍不得他什么的。

所以，如果你在闺蜜的煽动下做了一些事，后悔的时候也很多。因为毕竟闺蜜并不是你，并不能感同身受。（说到底，是你喜欢你男朋友，而你闺蜜可能压根就没见过他，所以出的建议难免有些站着说话不腰疼。）

但不管怎么说，过年期间，你的心情还是波动了。也许你想开年了就好好跟他说清楚，也许你想采取一些行动了，也许你觉得不能拖了。也许你这边没有波动，是他那边有了波动。（男人也有男人的压力。）

那该怎么办？

就像刚才说的，你应该把过年当成一个特殊时期。（过年到过年后的一个月应该都算过年时期，这个时候虽然已经上班，但很多情绪还是很受过年期间的影响。）

你要做的一切决定，你要做的一切行为，最好是等过年这个特殊时期过去以后，两个人恢复正常生活以后再考虑要不要做那件事。这样做可能会比较稳妥一点，可以避免很多犯傻的行为。

如果是他那边有变化，也应该给他时间。大家还是尽量不要在过年期间，或者过年刚上班的一个月内尝试去"解决问题"，因为这个时候解决问题太容易冲动行事了。

我想，当过年逐渐远去，当家人的唠叨逐渐远去，当朋友的互相对比逐渐远去，我们又回归城市生活的时候，也许那些在过年期间产生的问题和矛盾自然就消失了，也不用去解决了。就算问题没有消失，我们也能用更加平和的心态去商量解决问题。

总之，尽量不要在过年期间，或者过年后的一个月内做什么重大决定，也不要尝试去解决什么问题。

如果过年是一个坎，那最好还是等过年这个敏感时期过去再说吧。

前男友给我送礼物是什么意思？

前男友给你送礼物，这背后的意思的确有点小复杂：

1.你们分手有一段时间了，可能两个人之间紧张的关系也慢慢缓和了。再过段时间，他可能有一天突然想起你，想起你的好，想到好久没有你的消息，于是给你发个短信，打个电话，聊着聊着，后面可能就给你送了一个礼物。

这个礼物的含义是什么？

是示好。

你收下了礼物，有问题吗？

好像也没什么问题。

但接受礼物，某种程度上表明你在逐渐接受他，所以可能会显得自己态度上不够高冷，自己的需求感控制得不够，最后可能会导致高低位的逆转会出现问题。

2.你们在一起的时候约定，今年的生日他要给你过。但是，你生日还没到，你们就分手了。尽管分手后，你们没有多少联系，但是他还是如约给你发了生日祝福，送了生日礼物。

这个礼物的含义是什么？

是守约。

所谓买卖不成仁义在。虽然我们已经分手了，但我以前答应你的事，我还是会做到。你的生日我还是会记得，我不是无情无义的男人。

你收下了礼物，有问题吗？

有问题，会心有不安。

有时候会觉得自己好像有希望，但好像又没有多大希望，所以这个礼物，有点烫手。

3.你们分手了，分手的时候闹得很不愉快。你对他各种挽留，他最终还是离开你了。后来的后来，可能也是你生日那一天，他默默地给你送了一个礼物，希望你生日快乐。

这个礼物好像跟守约的礼物相似，但又有些不同。

这个礼物，其实代表的是男人分手后的内疚心态或者补偿心态。

毕竟对于他来说，也知道分手对于你是一种伤害。所以，分手以后他还愿意帮助你，还愿意对你好，不愿意做陌路人，也许是因为还念及旧情，想对你有所补偿。但这些并不代表他还愿意跟你好，这个要注意分清。

这个礼物能收吗？收了有什么问题？

哈哈，依然有问题。

一般情况下，分手的时候女生都会认为前男友伤害自己很深。那么礼物收了，就代表你在一定程度上接受了他的歉意、他的补偿。

就像有的情侣分手时，男生欠女生2000块钱，然后分手后，女生觉得心有不甘，反复去要这个钱。男生在实在没办法的情况下，去找朋友借了钱还给了女生。还钱的那一刻，女生心里"咯噔"一声，知道他们终于结束了。

对于男人来说，他会觉得——"钱还给你了，我们之间就两清了"。既然是两清了，你以后再去联系他，打扰他，他就可以彻底不理你了。

但其实，礼物什么的都是小事，根本不重要。分手以后，通过你的改变，你如果能重新吸引他，一切都无所谓。到时候，大家因为机缘巧合能够重新接触上，那就会接触上。如果你不能重新吸引他，收了礼物又怎样，没收礼物又怎样，都改变不了什么的。

很多时候，你认为很重要的事，可能在男生那边，就没多么重要。就像你为了一个礼物，在这边纠结来纠结去，总觉得这是一件多么大的事，是多么多么关键。但可能在男生那边，他送完礼物给你，没几天他就慢慢忘了这茬了。

他都忘了，你却在这纠结来纠结去，你说可不可笑啊。

所以，从现在开始，你可以把自己赌气收到的这个礼物，塞到看不见的小角落。不用打开，也不用还给他，收起来就好。

你要知道，塞到角落的东西，都是不重要的，或者说是暂时不重要的。

在你们的关系没有真正好转之前，一切都是无所谓的。

送礼物不都是为了示好，收礼物也不都是为了感激。

哈哈，男女之事，真的是有意思极了。

184

前男友半夜打来的电话，要接吗？

　　不少女生都遇到过这种情况："断联"了一两个月，有一天深夜自己睡不着在玩手机的时候，突然前男友打来电话。

　　你一下子愣住，不知道该怎么办了。

　　之前你以为他再也不会打电话过来，今天这个电话来得实在太突然了，自己一点心理准备都没有。

　　要接吗？

　　如果接，你又觉得接了电话自己不知道该怎么表现，会不会又一下子绷不住说想他，会不会他又说些乱七八糟的话扰乱自己的情绪。自己"断联"了一两个月，好不容易情绪才平稳下来，真的不想再回到过去那样了。

　　不接吗？

　　万一他真的有什么话要说，错过了怎么办？会不会他有什么急事找我，比如半夜出车祸在路边，比如半夜喝醉酒没人照顾，比如深夜发高烧不知道怎么的电话就拨到我这边来了？

　　会不会我不接这个电话，我就真的错过了，他以后就再也不会打电话过来了？

　　……

　　就在你愣神的时候，电话铃声戛然而止，那边挂断了电话。

你最终没有接这个电话。于是，你又开始了新的纠结：

不接他电话会不会不太好，万一他真有什么事怎么办，我要不要现在回给他？还是说回他一条信息，问他怎么了？

还是明天再说？明天早上再回给他，就说昨晚睡着了没看到他的电话？但明天再回他电话会不会让一切又回到平静之中，明天再回电话就是错过了今晚？

算了算了，不想了，睡觉吧，爱咋的咋的吧！

……

那么，就如同很多朋友问我的：是不是只有白天的电话更加真诚一点？前男友半夜打电话过来，这件事应该怎么看？

虽然大家会为这通电话纠结许多，但我的分析会告诉你，这其实是很简单的事，我一讲你就能明白。

男人半夜打电话过来，说明什么？很简单，说明他想你了。

不要怀疑，他就是想你了。

哈哈，是不是有点小窃喜？

分手以后，你可能每天晚上睡觉前都会想他，现在知道他也想你了，是不是有点心理安慰？

不过，先别得意，我们接着说。

男人会在什么情况下半夜给你打电话？

一般来说，就是有一天晚上，不知道怎么的突然就想你了，然后是越来越想你。越来越想你的时候，可能就想跟你说说话，甚至是想跟你见面。

大半夜的见面可能不太方便，所以还是先给你打个电话。

（也有的情况是大半夜男生开车到女生楼下来见面的。）

打这个电话是要干吗？

也没要干吗。就是好久没听到你的声音了，也不知道你最近都怎么样了，就想跟你说说话，聊聊天。

这些都是人之常情，都很正常，也很容易想象。

大家注意：这个电话，他就是来跟你说说话，聊聊天，问问你怎么样了。他并没有要来跟你复合。他并不是一上来就是跟你提复合的。

当然，在这个电话中，他可能会用词暧昧，比较柔情。甚至他会直接说，他是多么多么想你。

大家注意，想你了，说些柔情的话也正常，但这也不代表他是想要复合。

想你了只是想你了，复合是复合，这是两回事。

想你不代表会想跟你复合。

那么，到了第二天白天会怎么样？

很遗憾地告诉大家，想你是一种情绪，是昨晚12点半突然很想你。但是到了第二天，到了白天，想你的情绪可能就过去了。

没错，想你的情绪就过去了。然后他就会像没事人一样，照样上班，照样找朋友喝酒，继续忙自己的事。就像什么都没发生过。

这个事奇怪吗？

一点都不奇怪。

我也会在某个瞬间，也许是某一天的午后4点，也许是凌晨

1点，突然没来由地想一个人。想起曾经的美好，想起曾经一起经历过的事，以前到过的地方，可能还有些唏嘘。

想的时间可能会持续半个小时，一个小时。但是过了这个时间，想这个人的情绪就会过去。然后我就会继续打游戏，继续做饭，继续骑电动车去买螃蟹吃。

想这个人的时候，会想要去联系她吗？

也不一定。

在某些瞬间，可能想要联系。在另一些瞬间，又觉得都过去这么长时间了，还联系干吗呢？

说到这，你应该明白，尽管我知道大家都比较关注复合，但是深夜电话这件事，还是不要当回事为好。

男生打来电话，就是诉说一下思念而已，并没有想要怎么样。

所以，你以为他来示好，他要怎样怎样了，你就会很兴奋很激动，很热情地扑上去，一下子就把对方吓跑了。而且有的情况是，女生当天夜里睡着没看到电话的时候，第二天白天又心怀忐忑地回给男生的时候，男生甚至会不接你的电话。

为什么不接你的电话？

很简单，因为想你的情绪已经过去，现在已经不想你了。现在大清早忙着工作，忙着开会，也不太顾得上你。同时，他可能觉得接你的电话，也不知道该说什么才好，所以索性不接了。

188

有的女生是发信息的，不是打电话过去。

女生第二天上午发信息说："晚上睡着了，没看到你的电话，怎么了？"然后男生会回信息："没什么，现在在忙，下次再说吧。"

男生就这样把你打发了。

注意：这些不是我瞎编的，都是真实发生过的情况哦。

不要当回事！

不要当回事！

不要当回事！

你可能又要问："那在什么情况下，才能当回事呢？"

当对方频繁联系你，三天两头联系你的时候，你才可以当回事。如果只是偶尔的一个电话、一条信息，可以不用当回事。

你可能依然要问："那男人深夜打来的电话，还要接吗？"

哈哈，当你告诉自己不必在意的时候，你会发现，接不接都无所谓了。

最后，我们补充来说一个事，就是男人半夜喝醉酒打电话过来。

有不少女生都经历过这种情况，半夜男生突然打来电话，你接了。那边是嘈杂的背景声，然后男生一副醉醺醺的样子，可能他在电话里还会说一些令你面红耳赤的话语。

What？面红耳赤的话语？

哈哈，其实就是表白啦。各种表白，什么想你啊，离开你以后发现还是你最好啊，很想见到你啊之类的。

听到这些话，你又慌了神了，不知道该怎么办了。你的心里会犯嘀咕："都说酒后吐真言，看来他之前都是绷着面子，今天终于把心里话说出来了。"

于是，你又要开始得意了。

得意个啥哟，你得意说明你还看不清情况。

酒后吐真言？

不好意思，错了，并不是这样。

酒后吐真言在别的地方是对的，但在这里是错的。你要把他的行为理解成"酒后说胡话""酒后胡言乱语"。就像上面说的一样，不要当回事。你就当他喝醉酒了，说了些胡话，不要当回事。

为什么不要当回事？

因为很多时候，男人酒醒了，他又立刻像变了一个人，他又会像什么事都没发生过一样，继续过自己的生活。没有示好，没有继续联系，更没有复合。

总之一句话，他就是喝醉了，就这样。他就是喝醉了，他就是一个醉汉。醉汉的胡言乱语，不要当真。

除非你看到，他接下来继续联系你，继续跟你示好，跟你见面，表达他的诚意，那你就可以当真。如果这一切都没有，那就是酒话、醉话、胡话，过去了就是过去了。

我们有句话叫作——没有期待，就没有伤害。

有的女生会抱怨："你明明没有想要跟我复合，那天晚上你为什么又要打电话过来，还说那么多，说什么想我，说什么还是我好。你根本就是玩弄我，伤害我，欺骗我的感情！"

我只能说，是你自己错误地理解了这件事。

是你自己的期待值太高。

也是你，伤害了你自己。

你的前任真的是渣男吗？

昨天我接到一个电话。

电话里的女生一个劲地说前任多么多么不好，一点都不负责任，追到她之前对她那么好，追到之后又对她那么差，不接电话，不回微信，并且反复强调他是渣男。

听完了她的叙述，我说了一句："在我看来，你前任的所有行为都是正常的。"

她有点不太明白我的意思。

我回答她："换作是我，或者绝大多数男人，可能也会这样。"

我发现一个现象：当女生在声讨一个男人怎样怎样对自己不好，怎样对自己态度很差的时候，她会选择性地忽略一个点——自己这边做了什么不谈，只记得他做得不好的事。

那么，男生为什么会这样对你？男生为什么会对你态度差？

如果你站在那里不动，什么都没做，男生那样对你，那是他的问题。

但事实真是这样吗？会不会是因为你做了一些事，才导致他的那些行为？

我在电话里跟那个女生说，你可以回想一下你当时的那种状态：先是自己去找他，跟他说自己多么喜欢他，多么离不开他，各种求复合。他不同意以后，就各种去骂他，打电话骂，发信息骂，发邮件骂。然后又去找自己妹妹哭诉，然后你妹妹去骂他，又去让自己妈妈去说他，又威胁他说要告诉他老板这些事让他丢掉工作……

回想自己当时的行为，自己不就是一个女疯子吗？为了让他不分手，你已经开始不择手段了。

所以我说了，他的那些行为都是正常的。

面对一个女疯子，怕都怕死了，躲都躲不开，哪儿还敢跟她复合？（真的有不少女生，弄到男生怕死她了。）

女生说，她到男生家门口等他下班回家，男生开车回家，车还没停，就看到她站在门口等他。然后男生立刻又发动汽车，踩油门一下子跑了。跑了以后，给她发了一条信息，说自己今晚去找朋友了，不回家了，让她别等了。

所以，当你在骂他是渣男的时候有没有想过，如果没有你的那些行为，他会是你口中的渣男吗？如果你好好的，他会那样对你吗？

他是不是也有他的苦衷？

这个女生说，她自己后来都陷入到一种分裂的状态中去了。一会儿说喜欢他，一会儿又骂他骂得很难听，自己也不知道自己为什么会这样。

其实这种现象倒是很正常。

你确实是喜欢他的，你是不想分手的，你是很想复合的。

　　而当你想尽办法，费尽心机，低声下气去求他、去挽留他的时候，他并没有回应你，你就会很生气。

　　你不只是很生气，你其实是气急败坏。你真的是无计可施了，实在是拿他没办法。

　　气急败坏以后，你就会去各种骂他了。

　　所以，你口口声声骂他是渣男的时候，你的内心真的是这样认为的吗？

　　我问那个女生，问问你的内心，说句老实话，你真的觉得他是渣男吗？

　　女生说："没有，他不是渣男，其实他很好，对我也很好，好得不得了。"

　　是的，尽管你口中骂他是渣男，但是你的内心真切地知道他到底是不是渣男。

　　如果你能学会换位思考，想想他的处境，再想想自己的行为，你就不会有那么多的愤恨。

　　甚至，深刻反省之后，你会很懊悔："都怪自己当时没有好好控制情绪，才失去了这么好的男朋友。"

　　是的，你知道他很好，所以才一直对他念念不忘，想着去跟他复合。

　　那个女生还说："我去找他的时候，敲他的门，他打开门，我还没开始说话，他就一脸委屈，好像很受伤的样子……明明我才是受害者好吗！"

　　你说对了！

　　你觉得你是受害者，但在他那边，他可能觉得他自己也受到了伤害。

是的，到底谁伤害了谁还真的不好说呢。

想想看，难道都是他在伤害你，你就没有伤害他吗？

就像有女生说，我们闹矛盾的时候，他跟我说的话很难听，很伤我的心！

但是这个女生好像忘了，在男生说很难听的话之前，你自己就已经说了很多伤人的话了！

要说伤人，也是你先伤人的好不？

难道就只能你说伤人的话，他就不能回击？

就像有些女生说男朋友怎么打她，怎么跟她动手，这件事说起来真的很好笑。

因为其实是这个女生气不过，先动手去打男生，然后男生才还手的。

哦，只准你打他，不能他还手啊？

他还手就变成了打女人？

哎哟，每次我在电话里这样说的时候，那个女生都被我逗乐了。

要我说，其实压根就是你在欺负他啊。

因为他爱你，因为他宠你，因为他舍不得打你，所以你就可以任性欺负他。

有一次你把他逼急了，他还了手，你就立刻道德声讨：他打女人！

所谓的"恶人先告状"，也不过如此。

有很多次，电话一开始，咨询的女生就在电话那头负能量爆棚，怨念满满，骂骂咧咧。

也许这个女生一开始并没有觉得男生有多坏，但是被身边一些人煽动之后，可能也开始恨起他来。（你身边的人当然帮你说话喽，当然觉得都是他不好，他对不起你，这很正常。）

我跟她分析了那些事情以后，女生会慢慢平静下来，慢慢反思自己的行为，重新看待两个人之间的关系。

也许我并没有给她多少建议，但我能帮她认识到：她的男朋友并不是渣男，她的男朋友恰恰是一个好男人。

而这就足够了。

因为他很好，所以你想跟他复合，你的内心是和谐统一的。

你一边骂他是渣男，一边还想着跟他复合，你的内心是冲突分裂的，那你们也不可能最终复合。

PS：本文讨论的是——不是渣男的那些男生，被误解的那些男生，但现实世界也有一些真渣男，真渣男真的很渣，不过本文今天先不讨论。